领导干部履职核心能力建设书系
主编 时和兴

领导干部
数字治理能力建设

王益民 著

中央党校出版集团
国家行政学院出版社
NATIONAL ACADEMY OF GOVERNANCE PRESS

图书在版编目（CIP）数据

领导干部数字治理能力建设 / 王益民著 .— 北京：国家行政学院出版社，2022.11

（领导干部履职核心能力建设书系 / 时和兴主编）

ISBN 978-7-5150-2720-3

Ⅰ. ①领… Ⅱ. ①王 … Ⅲ. ①领导干部—行政管理—数字化—能力培养—中国 Ⅳ. ① D630.3-39

中国版本图书馆 CIP 数据核字（2022）第 192695 号

书　　名　领导干部数字治理能力建设
LINGDAO GANBU SHUZI ZHILI NENGLI JIANSHE
作　　者　王益民　著
统筹策划　刘韫劼
责任编辑　孔令慧
出版发行　国家行政学院出版社
（北京市海淀区长春桥路 6 号　100089）
综 合 办　（010）68928887
发 行 部　（010）68928866
经　　销　新华书店
印　　刷　北京盛通印刷股份有限公司
版　　次　2022 年 11 月第 1 版
印　　次　2022 年 11 月第 1 次印刷
开　　本　170 毫米 ×240 毫米　16 开
印　　张　10.5
字　　数　143 千字
定　　价　38.00 元

本书如有印装质量问题，可随时调换，联系电话：（010）68929022

总序

领导干部是党和国家事业发展的“关键少数”，是党和国家事业的中坚力量。全面建设社会主义现代化国家，必须有一支政治过硬、适应新时代要求、具备领导现代化建设能力的干部队伍。领导干部的履职能力不仅体现干部队伍的整体素质，更关系党的长期执政、国家长治久安、人民长远幸福。培养造就信念过硬、政治过硬、责任过硬、能力过硬、作风过硬的领导干部队伍，对于实现新时代新征程中国共产党的使命任务，以中国式现代化全面推进中华民族伟大复兴，具有重要战略意义。

当前，世界百年未有之大变局加速演进，世界之变、时代之变、历史之变正以前所未有的方式展开，国内改革发展稳定任务艰巨繁重，给领导干部的履职能力提出了一系列新挑战、新要求。建设堪当民族复兴重任的高素质干部队伍，必须着力解决领导干部队伍中存在的本领恐慌、能力不足问题。新时代新征程新任务，要求各级领导干部不断提高政治能力，增强推动高质量发展本领、服务群众本领、防范化解风险本领，加强斗争精神和斗争本领养成，提高统筹发展和安全能力。

干部教育培训是干部队伍建设的先导性、基础性、战略性工程。为开发适应领导干部履职需要和学习特点的培训教材，助力打造高素质专业化干部队伍，我们以习近平新时代中国特色社会主义思想为指导，立足中央党校（国家行政学院）作为干部培训主渠道主阵地的职能定位，以党中央对领导干部队伍建设的最新要求为遵循，编写了“领导干部履职核心能力建设书系”，分设《领导干部政治能力建设》《领导干部意识形态能力建设》《领导干部群众工作能力建设》《领导干部调查研究能力建设》《领导干部依法治理能力建设》《领导干部应急处突能力建设》《领导干部心理调适能力建设》《领导干部数字治理能力建设》八册。其中，政治能力是首要能力，在领导干部干好工作所需的各种能力中是第一位的；意识形态能力是关键，反映领导干部在重大问题和重大考验面前辨别政治是非的素质和水平；群众工作能力是根本，是衡量领导干部政治上是否合格、工作上是否称职、领导能力强不强的基本标准；调查研究能力是基础，属于领导干部做好各项工作的前提和必备基本功；依法治理能力是保障，体现深化改革、推动发展、化解矛盾、维护稳定、应对风险的内在要求；应急处突能力是底线，既检验领导干部统筹发展与安全的专业水平，又检验领导干部的见识和胆识、定力和魄力；心理调适能力是支撑，为领导干部全力战胜前进道路上各种困难和挑战、稳定发挥其他各项能力提供内源性动力；数字治理能力是重点，是领导干部适应数字时代治理要求、激发治理活力、转化治理效能的关键性保证。这八大能力相辅相成，构成了新时代领导干部必备的履职能力体系。

本书系各分册的作者为中央党校（国家行政学院）、中国社会科学院大学等相关领域权威专家，保证内容的专业性和权威性。书系聚焦领导干部履职能力建设的核心问题，紧贴党中央关于干部队伍建设和干部教育培训要求，针对各级领导干部工作现实需要，侧重能力要求的理论分析和能力建设的方法阐释，既有深入浅出的学理阐释，又有生动透彻的案例解读，辅以知识链接、延伸阅读、深度思考等板块，启发领导干部坚持在干中学、学中干，在阅读和思考中深度共鸣，为加强各级领导干部履职核心能力建设提供实用参考。

时和兴

2022年11月

前　言

当前，信息技术加速发展创新，数字化已全面融合渗透到国家经济社会生活的各个领域，在加强和创新政府治理方面发挥的引领作用不断增强，对领导干部的数字治理能力提出了新的更高的要求。习近平总书记强调："过不了互联网这一关，就过不了长期执政这一关。"这从战略和全局上明确了领导干部学网、懂网、用网，提升数字治理能力的重要性和紧迫性。《提升全民数字素养与技能行动纲要》提出，要提升领导干部和公务员数字治理能力，引导领导干部和公务员运用网络了解民意、开展工作，提升学网、懂网、用网的能力。领导干部充分运用现代信息技术手段提升数字治理能力，既是国家治理体系和治理能力现代化的重要内容，也是数字时代推进国家治理现代化的关键驱动力，有利于贯彻落实网络强国、数字中国发展战略，进而推动经济高质量发展、社会高效能治理，让人民更美好生活。

党的二十大报告提出加快建设网络强国、数字中国。本书以习近平总书记关于网络强国的重要思想为指导，以数字时代背景对领导干部提出的数字治理能力新要求为主线，阐释了领导干部数字治理能力框架构建、领导干部数字治理能力建设等内容，分析了领导干部提升自身数字治理能力的路径，最后通过创新实践总结数字治理能力提升的经验。第一章主要围绕数字治理的时代背景，阐述数字化浪潮带来的时代变革、重大意义和我国对数字化机遇的把握。第二章主要围绕数字治理能力的提出，描述数字时代治理新范式、数字素养与能力提升发展现状以及数字时代领导干部治理能力新要求。第三章主要围绕领导干部数字治理能力框架，分类分级构建形成多层次、全方位、分阶段的领导干部数字治理能力框架。第四章主要围绕领导干部数字治理能力建设，在顶层设计的指导下，从能力评估、教育培训体系、人才支撑和数字基础设施建设等诸多方面阐释如何建设领导干部数字治理能力。第五章主要围绕领导干部数字治理能力提升，帮助领导干部在实际工作中通过创造数字化环境、推动业务和组织数字化变革，以及注重个人数字素养等方面提升自身的数字治理能力。第六章主要围绕数字治理创新实践，总结国内外数字政府建设过程中领导干部提升数字治理能力的先进经验，以期给我国各级领导干部以经验启示。

领导干部数字治理能力建设是一项长期性、系统性任务，希冀本书能够促进领导干部系统理解数字治理能力的内容和内涵，提升领导干部数字治理能力，帮助领导干部和公务员自信、辩证和安全地使用信息技术以及新兴数字技术，把握数字化发展机遇，立足新发展阶段、贯彻新发展理念、构建新发展格局，更好地建设数字中国，推动经济社会高质量发展，为全面建设社会主义现代化国家提供强大的动力支撑。

本书的编写得到刘密霞、丁艺、陶勇、刘彬芳、梅澎、张腾、王琦等同事的大力支持，对他们的参与表示感谢。

目录

第一章 数字治理的时代背景

世界科技革命开辟了人类历史的新时代，新技术极大地推动了各国社会生产力的发展和生产关系的重塑。数字技术发展推动人类社会步入数字时代，引发了各国在政治、经济、社会、文化等重要领域的深刻变革，显著地改变着政府、市场和社会的关系，也带来了国家治理体系和治理能力的变革与重塑。面对数字化转型中的跨界融合新业态、新模式，传统政府治理面临多方面的挑战。政府要平衡好数字政府的技术理性和公共治理的价值理性，让创新更多惠及全民全社会，则需要更加智慧的公共治理模式。加强数字治理能力建设将有力支撑国家治理体系和治理能力现代化建设，激发新的动能与活力，形成数字治理新格局，助力社会主义现代化强国建设。

一、数字时代的特征

数字化科技革命浪潮激荡澎湃，信息技术发展日新月异，信息传播方式、传播速率与传播范围发生了重大改变，数据作为信息的载体正在呈指数增长，数字技术创新应用也在不断发展和进步，人们正处在时时刻刻都在发生新变革的数字时代。当前，全球已进入以数字化、网络化、智能化为主要特征的第四次工业革命时代，以5G、云计算、大数据、人工智能、区块链等为代表的数字技术创新周期大幅缩短，创新活力、集聚效应和应用潜能加速释放，数字技术正在全面融合渗透经济社会生活的各个领域，对社会治理、生产生活的赋能作用快速增强，数字化发展已成为各国重塑全球竞争力、谋求竞争新优势的共同选择。

自20世纪末以来，信息和数据在公共管理中的应用价值逐渐被挖掘，以信息管理与数据分析辅助支撑行政管理、公共服务、公共决策成为电子政务领域中的关键问题，信息和数据的公共价值、效用开始得到广泛关注。数据智能、高性能计算和量子计算、人工智能及区块链等新技术给全球公共治理创造了巨大机遇，世界各国积极探索新技术在数字政府建设与公共治理过程中的创新应用。以创建人民满意的数字政府为牵引，提升国家治理现代化水平，需要主动把握技术变革机遇，全面应对新时代的风险挑战。

数字治理是全球信息化、数字化背景与治理理念相互碰撞的重要结果，是政府数字化建设迈入变革期，促进政府治理数字化转型，实现政府改革、服务、治理和创新，加快推动国家治理体系与治理能力现代化的必然选择。推进政府数字化转型、发展数字化战略成为当前世界各国发展的重要议题，世界主要发达国家尤其关注自身数字化转型与数字治理，纷纷从国家整体发展布局出发提出数字化发展战略与规划，并将其作为国家全面发展的最优策略。数字化变革正引领政府治理走向现代化，成为数字政府建设的重要引擎。

二、数字治理的时代意义

数字治理是顺应数字时代的变化趋势、回应数据时代的发展需求、把握时代创新机遇的必然选择。2014年2月27日，习近平总书记在主持召开中央网络安全和信息化领导小组第一次会议时指出："当今世界，信息技术革命日新月异，对国际政治、经济、文化、社会、军事等领域发展产生了深刻影响。信息化和经济全球化相互促进，互联网已经融入社会生活方方面面，深刻改变了人们的生产和生活方式。"数字时代，人类社会正在经历最为深刻的信息革命，信息技术特别是互联网发展对世界产生了前所未有的深刻影响，基于数据、面向数据和经由数据的数字治理能够把握住人类社会发展新阶段的时代特征，依托数字技术应用、数字化理念，为解决各类治理难题提供新思路、新方法、新手段。

面对当今世界复杂多变的环境与格局，只有加强国家治理能力建设，尤其是加强数字治理能力建设，才能与时俱进推动国家长久稳步发展。数字政府、数字经济与数字社会建设是数字治理的重要内容，在数字化改革过程中，不断提升政府履职能力、社会整合能力、利益协调能力、网络应对能力、安全保障能力、创新驱动能力等，为国家治理全面赋能。

数字政府作为实现政府治理体系和治理能力现代化的有力抓手，是创新政府治理理念和方式的重要举措，是强化政府运行、决策、服务、监管能力的重要引擎，也是构筑数字社会治理体系和普惠便捷数字民生保障体系的坚实基础，对于建立现代化治理新优势，加快转变政府职能，建设法治政府、廉洁政府、服务型政府，引领高质量发展具有重要意义。数字政府建设贯穿经济、政治、文化、社会、生态文明建设各方面，并不是独立运行的，它是助推数字经济、引领数字社会、营造数字生态转型创新发展的动力源，是数字经济、数字社会、数字生态的核心枢纽，是建设数字中国的基础性和先导性工程。

数字经济具有高创新性、强渗透性、广覆盖性，是新的经济增长点，有利于推动构建新发展格局，有利于推动建设现代化经济体系。数字经济发展是一个“数字化”和“产业化”双向融合发展的螺旋式上升过程，发展数字经济是把握新一轮科技革命和产业变革新机遇的战略选择，是经济社会发展的新领域。后疫情时代，全球数字经济加速崛起。党中央、国务院高度重视数字经济发展，习近平总书记指出，要统筹国内国际两个大局、发展安全两件大事，充分发挥海量数据和丰富应用场景优势，促进数字技术与实体经济深度融合，赋能传统产业转型升级，催生新产业新业态新模式，不断做强做优做大我国数字经济。①

数字化作为一种赋能手段，赋能社会治理体系的传统要素，能够大大提升社会治理的专业化和智能化水平。数字社会发展目标是共享普惠公平的数字民生，形成高效便捷的数字化公共服务体系，教育、医疗、养老、交通等民生领域数字化建设取得明显成效，城市数字基础设施更加完备，数字城市治理实现跃升，数字乡村治理服务水平显著提升，人民生活数字化发展加快，公民数字素养不断提升，使人民获得感、幸福感、安全感更加充实、更有保障、更可持续。数字社会发展的关键是社会治理安全、稳定与协调，建设立体化智能化社会治安防控体系，打造一体化智慧化公共安全体系，建设完善高效的应急管理体系，增强城市发展势能，提升数字社会的韧性与弹性。

三、我国数字化发展形势

习近平总书记多次用“重大机遇”“历史机遇”“千载难逢”表明信息化对中华民族以及中国特色社会主义的重要意义，指出“信息化为中华民族带来了千载难逢的机遇。我们必须敏锐抓住信息化发展的历史机遇……自主创新推进网络强国建设，为决胜全面建成小康社会、夺取新

① 习近平：《不断做强做优做大我国数字经济》，《求是》2022年第2期。

时代中国特色社会主义伟大胜利、实现中华民族伟大复兴的中国梦作出新的贡献”[①]。党的十八大以来，着眼中华民族伟大复兴的战略全局和世界百年未有之大变局，习近平总书记从实现“两个一百年”奋斗目标的战略高度，多次强调要适应我国发展新的历史方位，全面贯彻新发展理念，加快网络强国、数字中国建设，大力发展数字经济，以信息化培育新动能，用新动能推动新发展，以新发展创造新辉煌。

“十三五”时期，我国数字基础不断夯实，数字产业快速发展，数字应用加速创新，数字政府治理能力持续提升，数字经济发展进入快车道，数字化发展成为推动经济社会高质量发展的重要引擎。“十四五”时期，信息化进入加快数字化发展、建设数字中国的新阶段。党中央、国务院把加快数字化发展提到前所未有的高度，在《中华人民共和国国民经济和社会发展第十四个五年规划和2035年远景目标纲要》（以下简称“十四五”规划纲要）中对数字化发展设置专门篇章进行谋篇布局，进一步提出要加快建设数字经济、数字社会、数字政府，以数字化转型整体驱动生产方式、生活方式和治理方式变革。数字化已成为引领创新和驱动转型的先导力量，成为国家综合实力和现代化程度的重要标志，成为事关国家发展和国家安全、事关广大人民群众美好生活的重大战略问题。不断提升数字治理能力，推进网络强国建设，建设数字中国，是加速推动经济社会高质量发展的前提条件，也是推动国家治理体系和治理能力现代化的必由之路。

我国高度重视数字化发展，把数字化作为推动高质量发展的重大举措，坚持数字经济、数字政府、数字社会同步推进，把数字化、一体化、现代化贯穿到党的领导和经济、政治、文化、社会、生态文明建设全过程各方面，数字技术同经济社会各领域融合创新不断深化，数字化改革

① 《习近平谈治国理政》第3卷，外文出版社2020年版，第305页。

的全面推进，成为牵一发动全身的综合性集成改革，是制度规则重塑的过程，是治理和服务的现代化过程。我国数字化改革始终坚持党的全面领导，坚持以人民为中心，运用信息化增强党的执政能力，提高政府管理和服务水平，提高人民群众获得感、幸福感、安全感。适应我国发展新的历史方位，以数字治理推动现代化治理能力提升，全面贯彻新发展理念，以信息化培育新功能，用新动能推动新发展，是当前我国社会主义现代化建设开启新征程的重要节点。我国数字化改革与发展立足实际，充分释放数字化潜力，勇于变革、勇于创新，积极主动提升数字治理能力，建设数字政府、数字中国、网络强国，为我国经济社会高质量发展开辟更广阔的空间。

现阶段，各地结合地区发展实际，因地制宜发挥各自优势，积极探索数字化建设新模式，以整体数字化转型方案推动改革深化，进行信息化职能整合，优化职能配置，针对数字化建设中的重点难点问题大胆创新，破解“系统小而散，互联互通难，数据共享难”的信息化瓶颈，建立集约化、信息化的管理模式，各省相继成立政务服务和数据管理工作的数据管理机构，解决政府大数据治理政出多门的问题，成果显著。各地积极探索产业数字化转型，正以模式创新引领数字经济发展，数字经济与传统产业深度融合，政府数据与企业数据高度融通，整体呈现出蓬勃发展的良好态势。各地正以社会治理数字化转型为契机，提高政府履职能力，尤其是在社会治理体系的主体构建、组织方式、运作机制等方面呈现新特点，努力实现精准化管理和协同化治理。

第二章

数字治理能力的提出

各国政府在信息化发展的驱动下，纷纷探索政府转型与行政管理改革。自20世纪电子政府的概念提出到各国电子政务实践的发展演进，再到数字治理、政府数字化转型，数字化、网络化、信息化等新概念与技术对传统公共管理方式与手段产生了根本性的影响，电子政务、数字治理在改进公共服务供给，显著改善政府与社会、公众之间关系等方面具有重要价值，其治理效用在政府实践中逐渐显现。经过各国数字政府建设的实践、数字化发展战略的推进，数字治理理念给传统公共管理理论带来新的内涵与更加丰富的内容。数字治理是数字时代的全新治理范式，是数字化转型的驱动力，其内涵至少包含对数据的治理、运用数字技术进行治理以及对数字融合空间进行治理等方面。以系统的观念创新发展数字政府，将全方位赋能国家治理。数字政府建设成为优化国家治理体系和治理能力的重要基础，而提升数字治理能力、数字素养是顺应数字时代发展要求，促进数字政府高质量、可持续发展的必由之路。

一、数字时代的治理新范式

1.治理模式的变迁

自20世纪初，信息技术发展逐渐深入影响政府管理与公共行政，在电子政务发展早期阶段，新技术对制度、组织、流程、效率等方面产生的影响与作用就已被广泛讨论。世界各国开始认识到电子政务能够引起政府组织结构、资源和权力配置的变革与重塑，如何适应新技术发展成为行政管理改革实践中面临的重要挑战。其中，电子治理（E-governance）、网络化治理（network governance）、整体性治理（holistic governance）、数字治理（digital governance）等概念和理论是公共管理领域在信息时代、数字时代背景下重要的变革产物，相应的治理理念的发展与变化也带来了治理模式的变迁。

早在1973年，西蒙倡议将"信息理论用于组织设计"，预示信息技术将扮演愈来愈重要的角色。20世纪80年代末，为解决70年代"新公共管理运动"带来的负面后果，治理理论随之兴起并掀起了世界范围内的改革热潮，逐渐演变为一种重要的理论与价值追求，逐渐成为当代公共管理学界的主流理论。随着全球化的迅猛发展和科学技术日新月异的进步，在信息化背景下，治理理论也逐渐将信息技术等作为重要因素加以考量，在不断适应当代社会环境和公共价值的基础上又产生了更多的治理理念和新的治理模式，如电子治理、网络化治理、整体性治理和数字治理等（如表2–1所示）。[①] 这些概念和理论的兴起，反映的实质都是政府运用新技术等信息化手段推动治理变革，实施政府管理和服务的一系列制度安排和过程，概念的差异体现了技术发展和治理演化的不同发展阶段。

---

① 竺乾威:《公共行政理论》，复旦大学出版社2008年版，第1页。

表2-1 新治理模式的起源与特征

治理模式	起源	特征
电子治理	治理理论在政府变革中的实践与电子政务发展的结合	更加开放、透明、高效的公共部门；革新信息技术在公共事务中的应用理念与策略；基于技术的泛在性，与公共治理深入融合；超越政府管理的范围与限度，向社会治理等公共领域渗透
网络化治理	对传统官僚制和市场化治理模式缺失的反思	重塑政府权力结构、整合社会资源；治理主体的多中心化；治理机制的网络化；治理责任的分散化
整体性治理	对新公共管理理论的批评、修正与超越	以解决复杂的公共问题为结果导向；政府内部机构和部门的整体性运作；管理从分散、部分和碎片化走向集中、整体和整合；重视信任、责任感与制度化
数字治理	信息技术的蓬勃发展、经济全球化的加速以及网络社会的崛起	重新整合政府和社会资源，进一步逆部门化和逆碎片化，恢复或重新加强中央过程；以需求为基础的整体主义，一站式服务、数据库、从终端到终端的服务重塑等；展开数字化变革，运用新一代信息技术，加强协同的公共服务发展，丰富公共管理工具与手段

电子治理概念源于电子政府、电子政务的发展实践与公共管理变革的演进，最初主要是关于信息技术带来的决策、权利分配及协作新模式的探讨，其与电子政府、电子政务联系紧密，但又相区别，是后两者在公共治理视域下的发展。作为一个有关信息技术应用的新的理念和领域，电子治理是应用新技术改革政府及治理方式，构建治理新模式，改善公共服务的供给，增进政府互动，实现更有效公共治理的过程、工具、结构、机制、模式和形态，电子治理作为解决治理问题的方案之一，进一步推动了政府治理范式转型。[①]

20世纪90年代末，网络化治理理论作为对传统官僚制和市场化治理模式缺失的反思，秉持多元治理主体的公共治理核心理念，强调政府、社会、企业等多元主体之间基于制度化治理结构的协商与互动，从而实

① 莱斯利·巴德、丽莎·哈里斯:《电子治理：管理还是治理》，张熹珂译，华中科技大学出版社2019年版，第65页。

现共同的价值和利益追求。同一时期，整体性治理理论作为数字治理理论的重要奠基，由英国学者佩里·希克斯于2002年首先提出，其认为整体性治理就是政府机构组织间通过充分沟通与合作，形成有效的整合与协调，彼此政策目标一致且连续，政策执行手段相互强化，达到合作无间的目标的治理行动。

1996年，曼纽尔·卡斯特（Manuel Castell）发表著作《网络社会的崛起》，该书以信息时代的到来对公共管理的治理体系提出的更高要求与挑战进行分析，形成数字治理理论的雏形。①

源于信息技术的蓬勃发展、经济全球化的加速以及网络社会的崛起，基于曼纽尔·卡斯特阐述的网络社会崛起的时代背景和佩里·希克斯指出的整体性治理理论的理论基础，数字治理理论的代表人物英国学者帕却克·邓利维（Patrick Dunleavy）于2005年正式提出数字治理理论，强调信息技术和信息系统在公共部门改革中的重要作用，并在《数字时代治理：信息技术、国家与电子政务》一书中，从信息技术、绩效评估、新公共管理批判、数字时代治理等方面，论证了新公共管理面临理论和实践上的双重困境，作出“政府正处于信息技术变革的十字路口”的论断，预测数字治理理论将在21世纪前叶逐步占据公共行政的主导地位。

2.数字治理理论

数字治理理论在20世纪90年代末期开始崭露头角，并以其独特的技术导向成为学者逐渐关注的重要议题，在一定程度上可以说，数字治理理论的出现正当其时。数字治理理论是治理理论与现代信息技术的结合催生出的一种运用信息技术重塑公共部门管理的新理论，作为一种新型的治理范式，它既有效地应对了新公共管理运动带来的碎片化问题，又

① 韩兆柱、马文娟：《数字治理理论研究综述》，《甘肃行政学院学报》2016年第1期。

为数字时代的政府公共管理实践提供了新的治理思路、治理框架与治理模式。数字治理理论的出发点不仅在于应用信息技术重构公共部门数字化的管理体制，还在于推动政府和社会整体的数字化进程。

数字治理强调在政府与市民社会、政府与以企业为代表的经济社会的互动和政府内部的运行中运用信息技术，基于需求导向建设与应用信息系统，优化政府行政流程，重塑政府组织架构，重新整合政府与社会资源，破解碎片化、分散化等问题，不断丰富行政管理、公共治理的手段与工具，提升政府治理效能。在信息技术的不断变革中，政府、私营部门、市民社会三者相互适应、相互促进，共同促使着公共管理模式的变迁以及范式的转移，也由此产生了数字时代的治理模式。

与传统的治理模式相比，数字治理模式具有新的特征。数字治理是数字时代治理理论不断创新发展的成果。邓利维认为，数字时代的治理指的是在各种变化的复杂性中，信息技术和信息处理是这些变化的核心。①数字治理模式变革的影响不是直接由技术决定的，而是通过与信息系统相连的认知行为、组织、政治和文化等的变革展开的。数字时代的治理模式涉及三个方面的变迁②：一是重新整合，克服新公共管理带来的政府碎片化问题；二是基于需求的整体主义，向更加一体化、以公共为导向的政府转型，更加适应社会的变化，迅速组装服务；三是数字化过程，使信息过程和渠道从次要的或辅助性的角色转变为从事行政管理活动的主导模式、常规模式，甚至唯一模式。

学术界关于数字治理概念、理论的探讨伴随着数字政府概念的提出及数字政府实践研究而不断深入。进入21世纪，在西方学者提出数字政

① Patrick Dunleavy，Helen Margetts，Simon Bastow，Jane Tinkler，*Digital Era Governance: IT Corporations, the State, and E-Government*（New York：Oxford University Press，2006），pp. 227–237.

② Patrick Dunleavy，et al.，“New Public Management Is Dead—Long Live Digital-Era Governance，” *Journal of Public Administration Research and Theory* 16（2006）：467–494.

府概念后，基于电子政府、电子政务等概念，电子治理、数字治理概念也随之进入国内学术界研究的视野。在早期，国内很多学者将数字治理与电子治理视为同义词进行定义和阐释。竺乾威等学者2008年开始研究数字治理理论并出版《公共行政理论》一书，开启了国内数字治理的研究热点。党的十八大以来，学术界对数字治理的研究日益深入，不断拓展其内涵及外延。学者们梳理了国内外数字治理的相关理论研究，探讨新公共管理体制的形成对数字治理理论的影响，对数字治理的内涵进行深度解读和比较研究，并且结合国内发展实践，从机制、模式、影响因素、路径等不同维度对政务服务、数字治理、城市治理、社会治理、乡村治理等具体方面以及内容展开研究，学者们视野开阔，观点纷呈，其中不乏真知灼见。

3. 数字治理体系与治理能力

党的十八届三中全会从顶层设计的角度将“完善和发展中国特色社会主义制度，推进国家治理体系和治理能力现代化”作为全面深化改革的总目标。习近平总书记指出，要以信息化推进国家治理体系和治理能力现代化……更好用信息化手段感知社会态势、畅通沟通渠道、辅助科学决策。[①]创新是现代化的动力源泉，为人类社会不同阶段的现代化发展确立了目标，每一个阶段的现代化都离不开科技发展与技术创新。信息化过程中强调信息技术的应用与创新，工业社会向信息社会转变的现代化进程中伴随着以计算机为核心的技术创新。万维网的发明让人们连接在一起，物联网的应用让人物之间、物物之间相连，人类进入了万物互联的时代。移动终端、社交媒体、智能家居的普及使海量数据的产生、存储、挖掘、利用成为常态，现代化的目标以信息化程度为核心，意味

① 中共中央党史和文献研究院：《习近平关于网络强国论述摘编》，中央文献出版社2021年版，第131—132页。

着计算机处理、网络连接、数据利用等。因此，在数字时代背景下，推进数字治理体系和治理能力建设已经成为国家治理体系和治理能力现代化建设的题中应有之义。

随着新一代信息技术的广泛采纳与应用，数字治理体系被界定为政府、企业、社会组织等多元主体参与的数字社会形态下，通过相对规定性、固定性和稳定性的社会化、法治化、智能化、专业化制度框架，构建适合数字社会形态发展规律的生产关系。数字治理体系以新型基础设施安全服务体系和数据要素为支撑，在其基础上推进政府数字化转型和社会数字能力提升，形成数字化环境下的多元社会治理创新，打造适合数字经济发展的良好环境。我国数字治理体系建设需要围绕我国当前的数字化水平、各主体参与程度、各地区治理现代化进程情况，统筹谋划、整体指导，构建体系化顶层设计与总体规划；系统科学地研判数字社会的重大理论问题、技术问题、伦理问题、法律规范问题，对新形态、新空间、新对象、新属性、新问题等方面的相关法律法规和制度进行战略性布局，构建更加开放、更加人文、更加包容的数字治理的法律、伦理和规范体系。

数字治理能力是运用数字治理体系形成的各种制度管理数字社会各方面事务的能力，这要求政府通过自身数字化转型适应数字时代变革，社会提升公众数字素养，市场推动企业数字化改造。2021年10月18日中共中央政治局就推动我国数字经济健康发展进行第三十四次集体学习，习近平总书记在主持学习时提出，要提高全民全社会数字素养和技能，夯实我国数字经济发展社会基础。政府作为数字治理的主体，在创造多元主体参与的机制与平台上发挥主导作用的职责。2021年11月5日《提升全民数字素养与技能行动纲要》发布，提出“要提升领导干部和公务员数字治理能力，引导领导干部和公务员运用网络了解民意、开展工作，提升学网、懂网、用网的能力”。政府、公众、企业数字能力提升相辅相成，有利于构建适应数字时代变革的数字生态，推动经济高质量发展。

二、数字素养与能力提升发展现状

随着数字化发展的快速更迭，以及信息技术的发展和数字工具的普及，人们对物理设备和软件的适应产生新的变化，思维与认知也发生着数字化变化，社会对个人能力的需求与定义同样发生了质的变化。持续提升数字素养是数字化发展能力建设的必要内容。世界各国已经意识到了数字素养的重要性，并将数字素养提升作为数字政府建设、国家数字化转型的重要部分，纷纷发布数字素养与技能提升的战略部署和行动举措。有关国际组织积极推进全球数字素养提升与区域间交流、合作，全球数字素养发展格局正在形成。提升全民数字素养与技能，推进数字化转型已成为当前各国抢占发展先机的共识举措。

1.数字素养与能力的内涵和特征

自1974年保罗·泽考斯基（Paul Zurkowski）提出“信息素养”以来，信息能力、数字能力、数字技能等概念在政策领域和研究领域被采用。1994年，以色列学者阿尔卡莱（Yoram Eshe-Alkalai）提出“数字素养”的概念。这些概念的提出和衍变，反映了人们获取信息途径和方式的变化，愈加彰显信息通信技术（ICT）逐渐融入生产生活并改变人们的认知和行为的不断发展的趋势。数字素养一词的英语表述为digital literacy，其中literacy通常指的是读写能力，而digital literacy的内涵十分广泛，并不单单指数字化的读写能力，还包含了其他数字化的特殊技能。数字素养是人们基于认知与技术能力，利用通信技术来发现、获取、鉴别、创造、交流信息的一系列数字化技能的总称。数字素养包括了获取和使用数字信息的能力、创造数字信息的能力和交流分享数字信息的能力。数字化的读写能力是数字素养的核心内容，但是随着通信技术的迅速发展，人们接收信息、交流信息的方式不断变化，数字素养的内涵范围也随之变化，例如，现如今，使用电子阅读器浏览电子书或者上传、分享网络视频都是数字技能。

政府在创造良好的数字素养发展环境中扮演着最重要的角色。在政府战略规划、政策举措和专门机构的支持下，各利益相关方建立可持续的合作，各国把数字素养知识发展融入战略、规划、举措和工作重点；支持免费和开源软件，促进公共资金开发的数字素养发展资源的开放使用；防止数字素养因性别、年龄等原因而产生和扩大差异；鼓励非正规教育提供方（如图书馆、社区活动中心）提供相关培训；开展数字素养相关评估。政府在制定战略规划、政策举措时，也应从国家战略高度出发，汇聚各相关部门（教育培训、信息产业、人力资源等）的智慧和方案。同时，政府支持各利益相关方创新合作模式，针对不同的学习需求，丰富数字素养知识的获取途径，共同促进数字素养教育发展。数字技能可以通过多种途径获得，如学校教育、非正规教育培训和各种自主的和非正式的学习。不同层面的数字素养普及和提升需要创新的合作模式。如：基础的功能性数字素养的普及，需要政府公共资金的大力支持，教育机构、社会组织、网络服务提供商也需要承担这方面的社会责任，以支持全面和公平的数字素养普及；在一般数字素养方面，教育机构、社会组织、信息技术公司可以更多地发挥作用，挖掘和满足人们在数字素养方面的学习需求。

2. 全球加快数字素养与能力发展

数字时代为社会发展带来新的契机，也对现代社会技能体系与能力结构提出了新的要求。良好、适宜的社会技能体系不仅要向不特定的个体提供学习、教育机会，还要实现个人技能、素养的提升，使其能够适应数字化发展带来的变化与挑战，不断增强个人社会生存和生产发展的能力。经济合作与发展组织（OECD）认为，国家技能体系的发展主要表现为三个维度。一是它能否向所有公民提供终身技能发展的机会与资源。这种“终身性”主要是为了应对传统职业教育与培训同当代技能需求之间不断产生的技能鸿沟。二是它能否在社会与经济环境中有效利用技能。由学校教育和职业培训所形成的技能并不会自动产生价值，只有在充分利用的情况下才能产生经济回报与社会福利。技能利用的水平主要取决于劳动力市场激活、技能匹配的程度。三是技能体系所具有的治理能力。技能发展牵涉多元利益相关者，需要系统化协调，特别是国家在制度供给、资源分配、政策协调、信息服务等领域的能力。[①]

国际组织早已意识到了发展公众数字素养的重要性和必要性，并通过科学研究、框架制定等路径凝聚对于数字素养的共识，提升人们的数字素养。联合国教科文组织持续关注全球数字素养的提升并提出了全球数字素养框架；欧盟较早地开展了有关21世纪个人能力框架的研究；电气电子工程师学会（IEEE）标准委员会于2020年通过的数字智能标准，是首个与数字素养、数字技能和数字就绪相关的全球标准。近年来世界各国致力于国民数字素养培养与提升，通过出台相关政策倡议、搭建学习门户网站、提供正式或非正式培训等方式，构建可持续、有韧性的数字素养与技能发展培育体系，拓展全民数字生活、数字工作、数字学习、数字创新等场景，提升全民数字化适应力、胜任力、创造力，增强人力

---

① 孙志远、张婷、陈如愿：《欧洲技能指标的构建：背景、内涵与应用》，《中国职业技术教育》2021年第6期。

资本积累，拓展人口质量红利，厚植创新发展新优势。例如2020年澳大利亚发布《数字素养技能框架（草案）》，强调数字素养是个人未来最重要的、必备的基础技能，并将数字素养作为适应数字化发展的核心能力，提出并对比了3个发展阶段的数字素养水平。美国提出数字素养倡议并建立数字素养门户网站（digitalliteracy.us），向全民提供数字工具包以及有关21世纪所需要的技能、教学策略、领导力提升等方面的资源。美国教育部职业、技术与成人教育办公室（Office of Career, Technical, and Adult Education）和成人教育与素养局（Division of Adult Education and Literacy）专门负责资助数字素养倡议项下的各类行动与活动，提供有助于数字素养提升的学生资源、教师和导师资源以及计划资源，使成人学习者能够做好大学和职业能力准备，适应数字时代发展对人力资源带来的新要求。我国“全民数字素养与技能提升平台”在第五届数字中国建设峰会上正式启动上线，通过数字生活、数字工作和数字学习提升全民数字素养与技能，共建共享数字化发展成果。

数字素养与能力提升在改善社会包容、消除数字鸿沟方面也具有重要意义。《2018联合国电子政务调查报告》提出，各国应向学龄儿童普及传授数字技能，并在私营部门和公共部门人员中强化数字技能，还应率先提出数字援助倡议，以支持那些因自身原因而无法使用政府在线服务的弱势群体。新加坡政府为了解决老年人中存在的教育或数字技能缺乏问题，专门设立了“银发族”资讯通信倡议（SII）计划，弥合人群差别和技能缺乏而产生的数字鸿沟。欧盟成员国普遍在提高公共部门公务员的数字技能、提升电子政务服务质量方面一直走在前列，葡萄牙政府在2017年设立了533个“公民点”计划，主要面向不适应在线环境的人，由专业服务人员提供与公共行政和私营部门相关200余项服务，提高公民数字素养，减少因移民差异、数字优先等新因素造成的数字鸿沟。

3.欧盟21世纪数字素养

数字素养已成为21世纪公众参与经济和社会生活的必备“生存技能”。社会作为一个整体，其成员有能力并具备必要的数字技能、认知技能和社会情感技能，才能在数字时代得以发展与壮大。使用数字工具和数字技术是21世纪的社会技能的核心内容，也是努力建立数字国家、数字政府的最关键基础。数字素养作为数字时代个人素养的必要内容，广泛地引起了欧盟各国的重视与关注。

欧盟在数字素养方面的探索由来已久。自2005年起，欧盟委员会开始对公众数字能力进行研究与调查，旨在为欧盟委员会和成员国提供可续有据的政策支持，以利用数字技术的潜力创新教育和培训实践，为公众提供终身学习的机会，以应对新事物、新技术的兴起带来的就业、个人发展和社会包容等方面的新挑战与新技能的需求。作为欧盟“教育与培训2010计划”（ET 2010）的重要成果，2006年12月，欧洲议会和理事会发布了关于终身学习能力的建议，制定了《欧洲核心素养框架》（The European Framework of Key Competences），基于长达5年的政府与专家合作研究成果，提出了21世纪欧洲公民必备的8项核心素养，即母语交流、外语交流、数学能力和科学技术基本能力、数字能力、学习能力、社会和公民素养、主动和创业意识、文化意识和表达能力。该框架对每项核心能力、素养作出了简明定义，强调批判性思维、创造力、主动性、问题解决、风险评估、决策和情感的建设性管理，进一步的具体解释根据成员国教育体系情况而变动、调整。其中，对于数字素养与能力而言，包括以信息和通信技术的基本技能为基础，自信、着重地将信息技术用于工作、通信和娱乐等方面：使用计算机检索、评估、存储、制作、呈现和交换信息，并通过互联网进行交流、参与网络协作等。

2016年，欧盟委员会发布名为《欧洲技能发展新议程：携手推进人力资本、就业能力和竞争力提升》(A New Skill Agenda for Europe: Working Together to Strengthen Human Capital, Employability and Competitiveness，以下简称《新议程》)的官方文件，首次将“技能”确立为国家与区域社会经济发展的重要基础。《新议程》提出技能是通向就业与繁荣的重要路径，强调数字素养在未来技能、教育与培训中的重要地位。拥有良好的技能，人们才能找到理想的工作，实现自己的潜能，成为自信和积极的公民。尤其是在飞速变化的全球经济时代，技能在很大程度上决定着创新驱动的竞争优势和能力。

2017年，欧盟委员会发布《欧洲公民数字能力框架2.1》(European Digital Competence Framework for Citizens，简称DigComp 2.1)，在《欧洲公民数字能力框架2.0》的基础上进行了概念模型更新，进一步将数字能力从基础到高度专业化分为8个层级，并展示了欧洲、欧盟成员国和区域层面的实践实例。欧洲公民数字能力框架为提高公众的数字能力提供了一个工具，它已成为欧洲和欧盟成员国数字能力倡议发展和战略规划的参考。《欧洲公民数字能力框架2.1》构建了5个数字能力维度（如图2-1所示）：一是识别数字能力的不同能力领域，将数字能力分为5个领域；二是每个相关能力领域的具体能力内容与描述；三是每个能力的熟练水平；四是适用于每个能力的知识、技能和态度；五是基于不同目的的能力适用性示例。

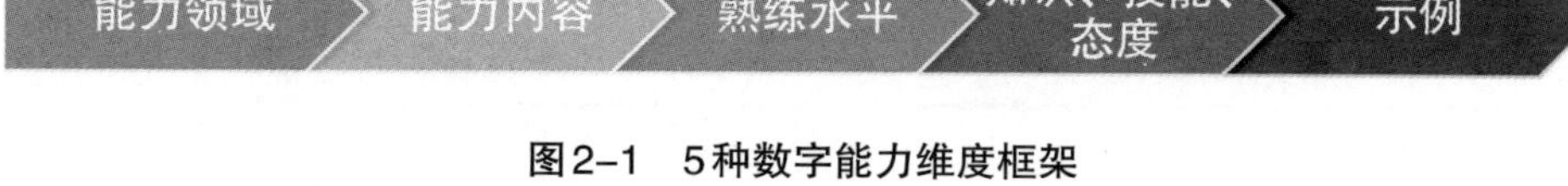

图2-1　5种数字能力维度框架

不同的能力领域和每个相关能力领域的具体能力内容与描述表现为以下5个方面。

信息和数字素养能力领域，其能力内容为浏览、搜索、过滤数据、信息和数字内容，评估数据、信息和数字内容，管理数据、信息和数字内容。

沟通与协作能力领域，其能力内容为通过数字技术进行交互，通过数字技术进行共享，通过数字技术参与公众身份，通过数字技术进行协作，网络礼仪，管理数字标识。

数字内容创建能力领域，其能力内容为开发数字内容，数字化内容的整合与再细化，版权和许可证，编程。

安全能力领域，其能力内容为保护装置，保护个人数据和隐私，保护健康和福祉，保护环境。

解决问题能力领域，其能力内容为解决技术问题，确定需求和技术响应，创造性地使用数字技术，识别数字能力差距。

《欧洲公民数字能力框架2.1》将公民数字能力熟练水平划分为8个等级，如表2-2所示。不同等级的数字能力熟练水平对应不同的任务复杂性，以及公众不同的自主性和认知层面。

表2-2　数字能力熟练水平测度表

熟练程度	任务的复杂性	自主性	认知层面
1	简单任务	需要指导	记忆
2	简单任务	有自主性，必要时需指导	记忆
3	明确的常规任务和简单的问题	独立完成	理解
4	明确的非常规任务和问题	根据自身需要独立完成	理解
5	不同的任务和问题	指导他人	适应
6	绝大部分适当的任务	能够在复杂环境中适应他人	评估
7	用有限的方案解决复杂问题	为专业化实践贡献力量，指导他人	创造
8	用多种方案解决复杂问题	能够提出新的想法和方法	创造

4.联合国《数字素养全球框架》

联合国教科文组织（UNESCO）在数字素养发展方面发挥了引领性作

用，它将数字素养视为支持作为2030年全球可持续发展议程重要组成部分的第四个可持续发展目标（SDG4）实现的重要力量。联合国教科文组织首先呼吁各国在教室中配备电脑、接入网络，以确保全面、有效的学习环境的建立，促进基础教育的普及和扩大职业技术、高等教育发展。SDG4还呼吁各国让青年和成人掌握就业创业相关的技能，包括技术和职业技能，并为此设立了指标——“掌握信息通信技术技能的青年和成人比例”。

联合国教科文组织提出，数字素养是面向就业、获得体面工作及创业，使用数字技术安全且合理地访问、管理、理解、整合、呈现、评估和创建信息的能力，这些能力就是所谓的计算机素养、信息通信技术素养、信息素养和媒介素养。为了监测2030年可持续发展议程中的可持续发展目标4.4.2中有关确保包容、公平的优质教育，促进全民享有终身学习机会，大幅增加掌握就业、体面工作和创业所需相关技能的情况，尤其是掌握具备技术性和职业性技能的青年、成年人的数量，联合国教科文组织统计所于2018年以欧盟委员会的《欧洲公民数字能力框架2.0》作为初始参考框架，结合4个实证研究的成果和发现，最终形成了共包括7个素养领域和26个具体指标的《数字素养全球框架》①，对各素养领域提出了能力要求。

在设备和软件操作素养领域，有数字设备的物理操作和软件操作2个方面的素养。要能够识别并使用硬件工具和技术，能够识别操作软件工具和技术所需要的数据、信息和数字内容，包括识别和使用硬件工具和技术的各组功能和特征等。

在信息和数据素养领域，有浏览、搜索、过滤、评价及管理数据、信息和数字内容3个方面的素养。要能够表达信息需求，定位并检索到数

① 郑彩华：《联合国教科文组织〈数字素养全球框架〉：背景、内容及启示》，《外国中小学教育》2019年第9期。

据、信息和数字内容；能够判断所得资源及其内容的相关性，能够储存、管理并组织数据、信息和数字内容，包括能够在数字环境中搜索数据、信息和数字内容，并能够顺利地找到它们；能够创造并更新个人的搜索策略，能够分析、比较及批判性地评估数据、信息和数字内容来源的可信性和可靠性；在结构性的环境中能够组织并加工所得到的数据、信息和数字内容等。

在沟通与协作素养领域，有通过数据技术互动、通过数据技术分享、以公民身份参与合作、网络礼仪、管理数字身份等方面的素养。能够通过数据技术进行互动、交流与合作，并能够具有文化和代际的多样性意识；能够通过公共的和个人的数字服务参与社会；能够管理个人的数字身份并维护自己的声誉，包括能够使用多样的数字技术进行互动，并能够理解在特定的情境下所使用的相应的数字交流方式；能够通过适当的数字技术与别人分享数据、信息和数字内容，并且了解在使用上述资料时应遵循的引用和权属惯例；能够通过公共的和个人的数字设备参与社会，能够通过适当的数字技术为自我赋权和为成为积极参与社会的公民寻求机会；能够使用数字工具和技术促进合作进程并进行资源和知识的共同建构和创造；在使用数字技术以及在数字环境中互动时能够注意行为规范并知道该如何做，在数字环境中能够采用特定沟通策略面对特定的对象并能够意识到文化和代际的多样性；能够创造并管理一个或多个数字身份，能够保护自己的声誉；能够处理通过数字工具、环境和服务产生的数据。

在数字内容创造素养领域，有开发数字内容、整合及重新加工数字内容、产权和许可证以及编程4个方面的素养。要能够创造和编辑数字内容；能够把信息和内容进行完善并整合到已有知识体系中；知道版权和许可证如何应用；知道如何对计算机系统作出可以让人理解的说明，包括能够用不同的格式来创造和编辑内容，通过数字方式表达自己，能够调整、修正、完善及整合信息和内容到已有知识体系中从而创造出新的原创的相关内容和知识等。

在安全素养领域，有设备保护、个人数据和隐私保护、保护健康和福利以及环境保护4个方面的素养。要能够在数字环境中保护设备、内容、个人数据和隐私，了解安全和防护措施并对可靠性和隐私有充分考虑；在使用数字技术时要能够避免对渗透和心理带来的健康风险和威胁；能够保护自己和他人免受数字环境中可能存在的危险，如网络欺凌等；能够意识到数字技术有助于促进社会福利和社会包容，能够意识到数字技术及其应用对于环境造成的影响。

在问题解决素养领域，有解决技术问题、发现需求和技术响应、创造性地使用数字技术、发现数字素养鸿沟、计算思维等方面的素养。要能够识别数字环境中的需求和问题，并且能够解决观念性问题和问题所在的情境；能够使用电子工具来创新过程和产品；能够跟得上数字化的发展与更新，在操作设备上运用数字环境发现技术问题并能够解决这些问题；能够识别、评价、挑选、使用一些数字工具及相应的技术；能够根据个人的需求对数字环境进行调整使之个性化；能够使用数字工具和技术创造知识以及创新过程和产品；能够独立地以及合作地参与认知加工过程以便能够在数字环境中理解并解决观念问题和问题情境；能够理解自己的数字能力需要在哪些地方进行完善或更新；能够支持别人数字能力的发展，能够寻找机会进行自我发展并且与数字发展保持同步；能够把可以计算的问题加工成序列的和逻辑的步骤，作为可供人和计算机系统采用的方案。

职业相关的素养领域，包括操作某一特定领域的专业化的数字技术，解释和利用某一特定领域的数据、信息和数字内容两个方面的素养。要能够操作专业化的数字技术并能够理解、分享和评估特定领域的专业数据、信息和数字内容，包括识别并运用特定领域中的专业化工具和技术，在数字环境中能够理解、分析和评估数据、信息和数字内容。

5. 我国全民数字素养培育体系构建

我国“十四五”规划纲要提出，加强全民数字技能教育和培训，普及提升公民数字素养，加快信息无障碍建设，帮助老年人、残疾人等共享数字生活。《提升全民数字素养与技能行动纲要》提出实施全民数字素养与技能提升行动，2035年基本建成数字人才强国，全民数字素养与技能达到更高水平，高端数字人才引领作用凸显。《国务院关于加强数字政府建设的指导意见》将提升数字素养作为保障数字政府建设的重要措施之一，全民数字素养与技能的提升，能够为数字化发展能力建设、数字化转型不断深化、数字化改革扎实稳步推进、数字政府高质量可持续发展提供动力和保障。

我国数字化建设需求迫切，然而，全民数字素养水平还有待提升，数字政府建设所需的专业人才资源仍十分短缺。全民数字素养提升，是为数字政府建设提供强大的发展动力支撑和坚实的人力资源保障的基础，是弥合数字鸿沟、提升电子参与度、促进数字政府均衡普惠发展的最重要路径。只有培养高素质、高水平的复合型专业人才，丰富全民数字素养提升渠道，构建数字素养和技能培育体系，提升全民数字素养，才能解决数字政府建设中面临的人力资源紧缺的难题，保障数字政府建设人力资源优势。当前，构建符合我国数字化发展情况的全民全社会数字素养培育体系应着力把握以下4个方面。

第一，关注弱势群体数字素养，加快弥合数字鸿沟。随着政府数字化改革的深化推进，数字技术的应用与公共治理效能不断提升，数字化公共产品供给持续优化。在数字化进程加快的同时，不同群体、地区和领域之间发展不平衡的问题尤为突出，数字素养的缺乏与落后成为阻碍老年人、残疾人等特殊群体、弱势群体融入数字社会，享受数字化便利的主要障碍。只有将建设包容、普惠的数字政府作为改革的主要目标之一，着力提升弱势群体数字素养与技能，结合深入推进适老化和无障碍改造，不断强化城乡统筹的一体化数字化体系建设等举措，才能让数字红利最大程度惠及社会大众。

第二，优化专业设置，培养多层次、多类型专业人才。政府数字化转型过程中，既具有管理学、社会学、经济学等相关专业背景，又具有计算机、电子政务、信息管理等信息化、数字化专业能力的跨学科人才供不应求。当前的专业人才结构仍不够合理，在数字政府建设中尤其缺乏高端技术专家、复合型人才，专门开展数字政府、电子政务等方面人才培养的高校和科研单位还比较少。应引导高校和科研机构设置数字政府相关专业，分层次、分领域做好高等教育人才、高等职业教育人才培养与就业安置。集聚研究型人才，加强有关数字政府的理论与实践研究，把握国际发展趋势，打造理论高地，指导解决实际问题，为推进数字政府高质量发展创造有利条件。

第三，建设数字素养与技能提升平台，打造多样化、全覆盖的培育格局。构建全民数字素养与技能提升平台是加快数字化发展，完善数字政府建设的必要环节。应着力建设以“资源汇集、线上学习、信息发布、社群交流”为核心的平台服务模式，汇聚有关部门、行业组织、科研院所、重点企业等相关学习资源，构建覆盖全民、城乡融合、公平一致、可持续、有韧性的数字素养与技能发展培育体系，拓展全民数字生活、数字工作、数字学习、数字创新4大场景，激发全民建设网络强国和数字中国的积极性、主动性、创造性，提升全民数字化适应力、胜任力、创造力，增强人力资本积累，拓展人口质量红利，厚植创新发展新优势。

第四，提高数字化参与度，形成建设数字政府的强大合力。全民数字素养水平与数字政府建设效能密切相关。在数字政府建设实践中，群众、企业、社会的数字化参与成为数字政府建设的必要条件，人民群众最真切的需要为数字政府创新提供发展导向；政企合作模式不断创新、完善，在削减建设成本、提高治理效能、提供技术支撑与服务等方面起到了良好效用。全民数字素养的提升，能够有效增强数字化参与效率、效用，促进完善多元参与的数字政府建设模式。政府与群众、企业、社会组织之间的互动、合作与交流，有利于促进多方协同机制的建立，调动更多的市场、社会、群众力量，推动构建共建共享的数字政府生态体系。

三、数字时代领导干部治理能力新要求

没有信息化就没有现代化，领导干部和公务员队伍的数字素养水平直接影响数字政府建设乃至全国信息化发展的步伐。信息和通信技术的应用为公共管理带来了诸多深刻变化，尤其是在组织机构、运行机制、领导方式等方面，数字化改革对领导认知、领导能力、领导态度、领导模式产生了新的影响，数字领导力（E-leadership）的提升成为其中关键议题。数字治理能力提升是一项基础性长期性工程，而数字素养、数字领导力是数字时代领导干部治理能力提升的关键。

1.数字环境下的新型领导能力

数字化时代的到来使得领导力作用的情境和机制都发生了深刻变革，并催生了一个新概念，即数字领导力。尽管这一概念与传统意义上的领导力存在重合，但它在内容和机制上的独特性仍然值得关注。数字领导

力被定义为“数字化时代，领导者借助数字技术手段促使个体、团体及组织在态度、情感、思维、行为及绩效方面发生变化的能力及其过程”。领导者在数字时代借助数字技术更好地达成组织的目标与使命就是其数字领导力的展现，这一能力对于当前我国公共部门的领导者而言尤为重要。

联合国经济和社会事务部发布的《2020联合国电子政务调查报告》中，首次提出了数据领导力（data leadership）这一概念，并基于全球调查得出“数据领导力对于实施国家数据战略、构建数据治理结构至关重要”“缺乏数据领导力、数据基础设施、数据资源和专业知识是政府面对的最常见的挑战”“缺乏数据领导力是不能充分利用蕴含着巨大价值的政府数据的原因之一”等结论。信息化、数字化发展不仅对公众的数字素养提出了更高的要求，同时也对公职人员，尤其是对中高级领导干部的数字素养和数字化领导能力提出了更高的要求。

现代领导科学理论认为，领导力是一定组织或个人基于目标信息的全面、准确分析，并作出科学决策和贯彻执行的能力，其一般由信息、决策和执行3个过程要素构成。当前，数据治理已影响到领导力组织实施的各个环节，也对领导干部领导力的提升发挥着越来越重要的辅助和支撑作用，可以说，数据领导力是数字环境下的新型领导能力[①]。传统领导力决策结构是相对单一、封闭的结构，主要依靠主观经验、有限信息作出决策，强调横向分工、纵向管理的单向度指令，但过程性监督和反馈性效果不足，难以充分利用数据，甚至会浪费各类管理过程沉淀的海量有价值数据。而善于运用数据，既能提供全面性和客观性的信息，促进领导力决策结构更加扁平化和科学化，又能了解各相关方的真实需求，让领导者超越局部事实和经验判断而对形势作出更加准确的评估，提高

① 李辉、赵家正：《领导干部数据领导力指标体系建构及其应用价值分析》，《领导科学》2021年第12期。

在复杂形势下掌控全局及科学决策的能力。因此，在传统经验性领导思维模式和单向度领导方式面临治理困境时，数字领导力作为传统领导力的有益补充，如何有效运用数据实现科学决策、提升领导能力，已成为新时代领导干部面临的新课题和新挑战。领导干部运用数据作出精准预测和科学决策，选择最优方案和提升领导力，会对社会治理产生重要影响。随着数据治理趋势的加强，基于客观数据进行管理决策并从中汲取价值，逐渐成为社会治理的新方式。

为了确定数字领导力所包含的具体元素，以实现概念操作化，万·瓦特（Van Wart）通过研究发现，数字领导者应具备6种能力，即数字化沟通、数字化社交、数字化变革、数字化团队、数字化技术及数字化信任。[①] 罗曼（Roman）在此基础上，进一步提出六维度的数字领导力模型（six E-competency model），并提炼出了数字化沟通（E-communication）、数字化社交（E-social）、数字化变革（E-change）、数字化团队（E-team）、数字化技术（E-tech）及数字化信任（E-trust）等6项能力的定义，如表2-3所示。[②]

表2-3　六维度的数字领导力模型及元素定义

数字领导力内容	定义
数字化沟通	领导者能够清晰有序地通过ICT进行通信，避免错误和误解，并且不会影响到绩效
数字化社交	领导者有能力创建积极的工作环境，并通过各种数字化通信方法改善沟通和协作
数字化变革	领导者有能力通过ICT有效管理变革和举措
数字化团队	领导者有能力在数字化环境中构建、激励、识别和维持负责任的团队
数字化技术	领导者精通技术，并持续关注与ICT发展和安全相关的问题
数字化信任	领导者有能力使用ICT彰显其诚实、一致和公平的特征，以建立信任感

① Van Wart M, Roman A, Wang X, et al.,"Operationalizing the Definition of E-leadership: Identifying the Elements of E-leadership," *International Review of Administrative Sciences*（2017）：80-97.

② Roman A, Van Wart M, Wang X H, et al.,"Defining E-leadership as Competence in ICT-Mediated Communications: An Exploratory Assessment," *Public Administration Review*（2018）：853-866.

2. 数字治理能力提升是领导干部的时代使命

领导干部数字治理能力直接影响数字政府建设领导力，是数字政府治理能力、建设水平提升的必要基础。领导干部的数字化意识往往能够在很大程度上影响数字政府建设工作的推进，互联网思维意识跟不上、信息化知识储备不够、信息化能力不强将导致领导干部在业务领域难以开展工作。同时，领导干部数字治理能力、数字素养提升也是全民数字素养与技能提升工程的重要组成部分，有利于贯彻落实网络强国、数字中国发展战略，促进全民共建共享数字化发展成果，进而推动经济高质量发展、社会高效能治理、人民高品质生活。数字治理能力是新时代领导干部必须具备的能力素质。提高领导干部数字素养与数字治理能力，是促进数字时代政府治理能力和治理水平提升的重要推动因素。领导干部要担当数字时代使命，积极推动数字化发展。

领导干部对数字化理解的深刻程度决定了我国数字化发展与数字治理能力水平的高度。作为党和国家事业发展的"关键少数"，领导干部的数字素养与技能水平的提升是数字化改革的基础和关键。紧抓"关键少数"，全面提升领导干部的数字治理能力，避免"木桶效应"，要培养高水平信息化领导干部，高效推动数字政府高质量建设与发展，切实提升政府治理效能，辐射带动全民数字素养与技能的提升，更好建设网络强国、数字中国。

领导干部以数字化的思维准确识变、科学应变的能力，决定了我国数字化改革的广度。领导干部作为数字政府、数字经济、数字社会、数字文化、数字生态建设发展的重要领导、决策主体，强化数字化理念、深化数字化认知、用好数字化手段是持续稳步推进我国数字化改革的关键要素。提升领导干部的现代化能力，提升善于获取数据、分析数据、运用数据的意识和能力将为我国数字化改革的全面建设和发展提供内生动力。

3. 领导干部应适应数字时代发展需求

2018年，习近平总书记在全国网络安全和信息化工作会议上强调，各级领导干部特别是高级干部，要主动适应信息化要求、强化互联网思维。不断提高对互联网规律的把握能力、对网络舆论的引导能力、对信息化发展的驾驭能力、对网络安全的保障能力。[①]数字治理能力是各级领导干部运用互联网技术和信息化手段开展工作的重要前提。这是领导干部在数字时代履职尽责的基本能力要求，也是与时俱进提升过硬本领的内在要求，各级领导干部须主动适应信息化要求、强化互联网思维，不断提高自身数字素养与技能。领导干部数字治理能力整体水平是赋能政府数字化改革的重要一环。数字时代政府治理的内涵和外延都发生了巨大变化，为加快推进数字政府进程，持续提升全民数字化适应力、胜任力、创造力，作为政府治理行为主体的领导干部的数字素养与技能提升极为重要。可以说，数字治理能力提升是时代赋予各级领导干部的光荣使命，需要不断拓宽和运用数字化思维，满足人民群众对政府治理的期待，满足数字化发展与改革的实践需要。

建设高质量的数字政府，干部是决定性因素，能力是关键性保证，迫切需要提升领导干部数字素养和数字治理能力，着力解决信息社会本领恐慌问题。领导干部的数字治理能力往往能够在很大程度上影响数字政府建设工作的推进，互联网思维意识跟不上、信息化知识储备不够、信息化能力不强将导致领导干部在业务领域难以开展工作。数字素养与数字领导力并非信息化领域领导干部专有的能力要求，而是各级各类各

① 中共中央党史和文献研究院：《习近平关于网络强国论述摘编》，中央文献出版社2021年版，第11页。

领域领导干部均应具备的能力。加强领导干部的网络和信息化能力培训，提高干部队伍数字化发展领导力，是牢牢把握信息化指挥权的必要前提。

领导干部数字治理能力提升是干部队伍数字素养与数字领导力建设的重要内容。培育领导干部“用数据说话、用数据决策、用数据管理、用数据创新”的思维和能力，有利于领导干部更敏锐地捕捉群众对于数字化公共服务与产品的最迫切需求，洞察市场、社会、国家以及国际发展的最新趋势，找到并有效化解数字化改革中存在的难点问题，不断创新公共服务、社会治理、市场监管等模式，促进数字时代政府治理能力和治理水平提升。

创新数字化专业人才引进与培养任用机制，是为领导干部队伍注入新活力的重要措施。人才保障是干部队伍建设的重要基础，建设一支懂业务、懂技术、懂管理的复合型干部人才队伍，建设一支能够熟练运用信息化技术手段的专业队伍，需要长期的培训、锻炼与实践，而其中的重要任务是创新建立人才引进、培养、任用机制。提升领导干部数字治理能力，应根据本地、本领域数字化发展水平提升的需求设计人才培养方案，逐渐形成中长期干部人才任用规划，建设并完善适应数字政府发展要求的人才战略和措施。在确保人才引进与交流渠道畅通的前提下，增加人才培训和交流机会，例如通过专家智库咨询指导、数字治理能力考核评价、组织集中培训等方式持续提升人才队伍的数字治理能力。

当前，我国数字政府建设与改革正处于快速发展的关键时期，抓住领导干部这一“关键少数”，确保党和国家各级领导干部具备完备的数字素养，是提升数字政府领导力、数字治理能力的核心关键。数字政府的关键是决策与支撑，如何利用数据进行科学决策、预测政策需求、洞察规划未来，是数字政府应对危机、解决核心问题的重点。善于获取数据、分析数据、运用数据，是领导干部的基本功。政府部门需要具备有相应数字素养、数字文化和数字技能的干部队伍，以更好地应对各种新兴社会问题与治理挑战。领导干部只有不断提升数字治理能力，才能适应数字治理实践需求。

第三章 领导干部数字治理能力框架

以习近平总书记关于网络强国的重要思想为指导，在党的领导下提升领导干部的数字治理能力，结合当前数字化发展形势，以及国内外提升数字素养和能力的经验，分类分级构建形成多层次、全方位的领导干部数字治理能力框架，以便系统理解领导干部数字治理能力的内容和内涵，帮助领导干部自信、批判和安全地使用数字技术以及新兴技术，把握数字化发展机遇。

领导干部数字治理能力框架从数字治理能力的组成内容、层次结构和发展阶段三个维度进行描述，如图3-1所示。数字治理能力的组成内容面向不同主体描述新时代领导干部应具备的数字治理能力的构成；数字治理能力的层次结构描述领导干部数字治理能力在意识、知识和应用等各个层次的具体体现；数字治理能力的发展阶段描述领导干部数字治理能力所处的不同阶段。深刻理解领导干部的数字治理能力，是提高领导干部数字治理能力的基础，为决策者制定支持数字治理能力建设的最新政策提供理论依据，指导规划教育和培训举措，为不同阶段的公务员和领导干部提升数字治理能力提供一个路线图，以提高特定目标群体的数字治理能力。

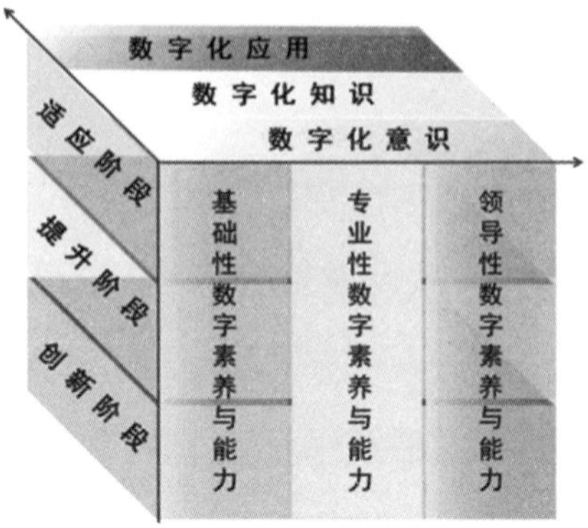

图3-1 领导干部数字治理能力框架

一、数字治理能力的组成内容

要全面了解掌握当前各级领导干部在数字治理能力方面应具备的素养和技能，需要根据不同领域和级别的领导干部岗位特点，对领导干部数字治理能力进行分类化考虑。领导干部数字治理能力建设的理想目标要求是，各级各领域的领导干部在数字化时代的治理中都具备完备的数字素养和技能。然而，在实际执行层面，根据领导干部的权责和任务分工的差异，客观上对领导干部数字治理能力构成提出差别化的要求。因此，对于领导干部数字治理能力的构成，需要针对不同领域和级别的领导干部考虑相对应的素养和技能内容。

在充分分析欧盟与联合国数字素养框架的基础上，根据我国实际情况，针对不同目标群体，将领导干部数字治理能力在整体上分为基础性数字素养与能力、专业性数字素养与能力、领导性数字素养与能力，如图3-2所示。其中基础性数字素养与能力是所有公务员和领导干部在数字时代都应具备的个人素养和能力，包括信息和数据素养、沟通与协作、数字内容创造和数字安全；专业性数字素养与能力是信息化部门和其他一些专业性较强领域的公务员和领导干部应具备的职业相关的素养和能力，包括数字化环境部署、数字化解决方案和数字化履职的能力；领导性数字素养与能力是担负领导职责的公务员特别是高级干部应该具备的适应数字化发展要求的素养和能力，主要包括对互联网规律的把握能力、对网络舆论的引导能力、对信息化发展的驾驭能力、对网络安全的保障能力。尽管每个类别的数字素养与能力都有其自身的特殊性和针对性，但相互之间不是完全分割的，存在相互重叠、关联以及不同类别间的交叉引用。

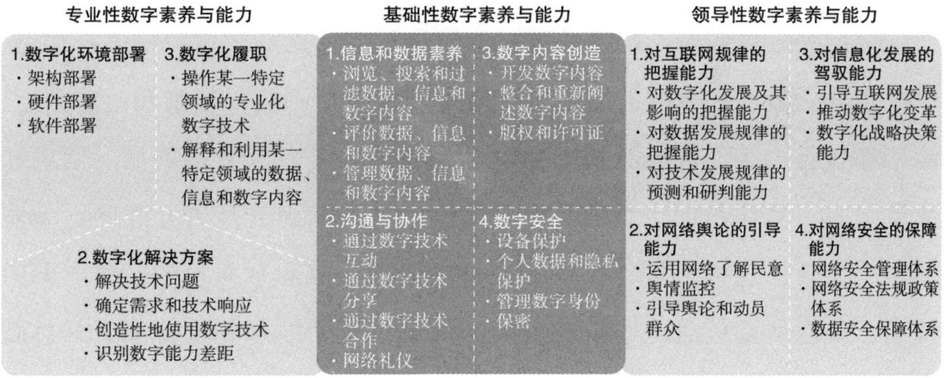

图3–2 领导干部数字治理能力的组成内容

1.基础性数字素养与能力

欧盟基于长期的研究和实践，提出了21世纪公民必备的8项核心素养，其中，使用数字工具和数字技术是21世纪能力的核心内容，并且发布了《欧洲公民数字能力框架》，明确了公众数字能力应包含的具体内容。经济合作与发展组织（OECD）在其发布的《公共部门数字能力框架》（The OECD Framework for Digital Talent and Skills in the Public Sector）中认为，公共部门人员的能力基线是社会公民应具有的21世纪能力，尤其是其中的数字能力。我国《国家公务员通用能力标准框架（试行）》（2003）则明确了公务员通用能力的基础框架，主要包含政治鉴别、依法行政、公共服务、调查研究、学习、沟通协调、创新、应对突发事件和心理调适等9项能力，其中沟通协调能力、调查研究能力、学习能力、创新能力等也作为公众在数字时代的素养在《公民数字能力框架》中得到了充分体现，侧面证明了面向公众的数字素养框架对于公务员群体也具有一定的适用性，可作为其基础性数字素养与能力。领导干部的数字治理能力建立在其基础性数字素养与能力之上，是领导干部数字治理能力提升的重要内容。

信息和数据素养指的是公务员和领导干部识别、定位、检索、存储、组织和分析信息和数据的能力。具体来说，包括浏览、搜索和过滤数据、信息和数字内容，评价数据、信息和数字内容，以及管理数据、信息和数字内容等具体子项。当前数字时代下，海量信息充斥着互联网，虚假信息、无效信息横行网络，只有能够高效、精准地从海量的信息资源中检索、获取所需信息内容，能够辨别信息的真伪以及利用价值，并具有扎实的数据整合归纳以及分析利用的能力，才能真正挖掘信息和数据背后的巨大价值，将其运用到实际工作的开展中，提升工作效率和决策科学性。信息和数据素养是数字治理能力的基础和重要体现。

沟通与协作指的是公务员和领导干部在数字环境中进行沟通，通过在线工具共享资源，与他人交流、协作，参与社群和网络的互动，甚至跨文化交流的能力。具体来说，包括通过数字技术互动、通过数字技术分享、通过数字技术合作、网络礼仪等子项。公务员和领导干部的沟通与协作主要面向公众、内部同事以及第三方合作机构等。公务员群体的工作性质决定了其需要具备良好的公共服务能力，在数字化时代则强调面向公众的沟通、交流和数字服务能力。同时，数字治理能力也需要内外部协作的有序、高效开展。因此，公务员利用数字化平台实现内外部的在线办公和协作能力是十分必要的，有利于打破部门、层级的阻隔，进行多方联动协同合作，使得业务流程更畅通。

数字内容创造指的是公务员和领导干部创建和编辑文字、图像和视频内容，整合和编写已有的知识和内容并产生创意式表达，媒体输出，以及合理运用知识产权的能力。具体来说，包括开发数字内容、整合和重新阐述数字内容，以及版权和许可证等子项。要求公务员和领导干部具有根据不同平台和受众特点，生成原创数字内容或整合重组他人数字内容的能力，也是对《国家公务员通用能力标准框架（试行）》（2003）中调查研究能力的数字化呈现，不仅需要具有利用外部信息资源的能力，也要能够合理、合法地对外输出有效信息，进而引导舆论和动员群众。

数字安全指的是公务员和领导干部能够安全、合法地使用数字基础设施和公共数据，具有进行个人信息、数据和数字身份保护，服从工作、遵守纪律的保密能力。具体来说，包括设备保护、个人数据和隐私保护、管理数字身份和保密等子项。要求公务员和领导干部加强信息行为规范和安全意识。互联网和信息技术的特殊性使得其在使用过程中存在许多不安定、不和谐甚至危险的因素，公务员和领导干部是国家重要机密的掌握者，一旦出现数据或隐私泄露则会给国家安全和社会治安造成巨大危害。因此，公务员在利用数字化技术的过程中务必牢牢把握安全这根准绳，一定要在思想上高度重视数据安全问题，并在实际工作中加以落实，防止泄密事件发生。安全是公务员和领导干部数字治理能力中的基本原则和底线。

2. 专业性数字素养与能力

顺应经济社会数字化、网络化、智能化转型趋势和特点，将数字技术广泛应用于政府管理和服务，离不开信息通信技术等相关专业性能力支撑。同时，数字政府的建设和发展是通过建立多学科团队来支持的，需要加强对数字化和非数字化专业的投入和认可，进而从中汲取知识和技能，将数字政府建设落到实处。专业性数字素养与能力将重点缩小到特定行业和特定部门中对数字化发展和数据作用的把握，是应用信息化解决问题、促进数字化履职的专业能力。

数字化环境部署包括架构部署、硬件部署和软件部署等方面的素养和能力。要能够进行应用架构、技术架构、安全架构、网络架构等多种架构部署的分析和判断识别，能够合理选择采用分布式、微服务架构、集群部署等不同部署模式，识别并使用硬件工具和技术，能够识别操作软件工具和技术所需要的数据、信息和数字内容等。数字化环境部署能力更多强调的是对技术发展的了解和选择决策能力，专业化水平相对较高，是利用数字化工具开展政务工作的基础环境保障。在政府数字化转型背景下，政府部门许多工作的开展以及公共服务的提供都建立在数字平台和软件的基础上，信息化部门等相关部门的领导干部必须能够部署合适的数字化环境，促进内外部协作、在线服务，提高政府行政和履职的工作效能。

数字化解决方案，即识别数字需求和资源，根据目的或需求对最合适的数字工具作出明智的决策，通过数字手段解决相关问题，创造性地使用技术，能够解决技术问题，提升更新自己和他人的数字治理能力。信息化部门需要具备更高水平的数字素养和能力，要能以数字化方式助力各部门开展工作和学习，具备发现数字化发展中的新问题及创新性解决数字化应用问题的能力。这要求相关公务员和领导干部在熟练掌握已有信息技术和数字服务的前提下，能够用发展的眼光看待数字化进程中面临的新问题，自主开展数字化学习，探索创新工作模式以尝试解决新问题。数字化问题解决能力是数字治理能力中的高阶素养要求，是其他能力的发展和创新，促使政府数字化进程深入推进，以及公务员和领导干部群体数字治理能力持续提升。

数字化履职包括操作某一特定领域的专业化数字技术，以及解释和利用某一特定领域的数据、信息和数字内容两个方面的素养和能力。在数字环境中，能够采用专业性的软硬件设备来理解、分析和评估特定领域中的专业化数据、信息和数字内容。其中，需要着重强调的是，数字政府建设所需要的专业性多学科团队不仅包括数字化领域的专家，还包括政策、法律、人力资源、经济、财务等传统学科和领域的专家。这些都需要适应在数字化环境下新的专业化和职业要求，例如人力资源部门不仅需要适应数字化工作环境，还需要建立对数字政府的理解，以确保能够规划和管理就业和劳动力政策，培养和选拔数字政府建设所需的专业人才等；财务和采购部门则需要增强对电子招投标和信息化项目建设等与传统采购方式或建设方式非常不同的职业能力。

3.领导性数字素养与能力

习近平总书记指出，各级领导干部特别是高级干部，如果不懂互联网、不善于运用互联网，就无法有效开展工作。各级领导干部要学网、懂网、用网，积极谋划、推动、引导互联网发展。[①]领导性数字素养与能力是各级领导干部应该具备的领导和统筹把握数字治理的能力，总体上是体现良好领导力的跨领域指标，而不是专注于特定领域。这种领导力的本质不是技术性的，更多反映的是领导干部的软技能。领导干部是政府数字化转型的组织者、领导者和决策者，其数字素养与能力直接决定着执政水平的高低和数字政府建设的成效。以习近平总书记关于网络强国的重要思想为指引，各级领导干部要不断提升数字化环境中的履职和领导能力。

---

① 《加快推进网络信息技术自主创新 朝着建设网络强国目标不懈努力》，《人民日报》2016年10月10日。

一是对互联网规律的把握能力。这主要包括对数字化发展及其影响的把握能力、对大数据发展规律的把握能力，以及对新技术发展趋势和影响的预测与研判能力。对互联网规律的把握能力是领导性数字素养与能力的前提，是领导干部对互联网发展和数字化发展的战略层面的判断。党的十八大以来，党中央重视互联网、发展互联网、治理互联网，统筹协调涉及政治、经济、文化、社会、军事等领域信息化和网络安全重大问题，作出一系列重大决策，提出一系列重大举措。互联网快速发展的影响范围之广、程度之深是其他科技成果所难以比拟的，这就要求领导干部能够从科技进步、经济增长、社会发展、政府治理等多维度把握互联网发展规律及其影响，了解互联网发展历程和互联网基础理论知识，掌握互联网思维。

二是对网络舆论的引导能力。这是数字时代群众路线的重要途径，强调新时代背景下领导干部对新媒体的认知和应用。包含新媒体应用、舆情应急处置、媒体应对、政民互动、网络文化建设等多方面的内容。要求领导干部深刻理解互联网不仅是意识形态工作的最前沿和主阵地，而且已成为意识形态斗争的主战场。各级领导干部务必真正把网络文化建设和管理工作摆上重要位置，从占领文化传播制高点和掌握信息化条件下宣传思想工作主导权的高度，善于运用先进技术传播先进文化，牢牢掌握意识形态工作领导权，主动引导网上舆论，有效防范和遏制有害信息传播。要加强网上正面宣传，旗帜鲜明坚持正确政治方向、舆论导向、价值取向，用习近平新时代中国特色社会主义思想凝聚亿万网民，深入开展理想信念教育，深化新时代中国特色社会主义和中国梦宣传教育，积极培育和践行社会主义核心价值观，推进网上宣传理念、内容、形式、方法、手段等创新，把握好时度效，构建网上网下同心圆，更好凝聚社会共识，巩固全党全国人民团结奋斗的共同思想基础。各级党政领导干部要提高通过互联网组织群众、宣传群众、引导群众、服务群众的本领。

三是对信息化发展的驾驭能力。驾驭信息化发展，要站在国家发展的全局高度，以发展的眼光谋划推动网络信息科学技术发展、应用和创新，包括引导互联网发展、推动数字化变革、采用数字化技术和制定数字化战略决策能力等。要求领导干部主动适应信息化发展要求，提升信息素养和网信工作能力，成为网信工作卓越的组织者、领导者和决策者。习近平总书记强调，网信事业代表着新的生产力和新的发展方向，应该在践行新发展理念上先行一步。我们要围绕建设现代化经济体系、实现高质量发展，加快信息化发展，整体带动和提升新型工业化、城镇化、农业现代化发展。[①]领导干部对信息化发展的驾驭能力，一方面是重视信息化的统筹发展，制订相应的计划和发展举措深化信息化领域本身的发展；另一方面是以信息化发展驱动引领各领域发展的能力，旨在提升新时代领导干部推动数字政府与政府治理创新、助力数字经济与发展转型、增强社会治理等方面的能力。

四是对网络安全的保障能力。提高网络安全保障能力，要求领导干部提高网络安全警惕意识，筑牢网络安全管理体系、网络安全法规政策体系和数据安全保障体系等。领导干部要树立网络安全底线思维，积极运用自主可控技术，构筑网络和信息安全防护体系，保障网络设施、信息系统和数据安全。习近平总书记强调，没有网络安全就没有国家安全，就没有经济社会稳定运行，广大人民群众利益也难以得到保障。要树立正确的网络安全观，加强信息基础设施网络安全防护，加强网络安全信息统筹机制、手段、平台建设，加强网络安全事件应急指挥能力建设，积极发展网络安全产业，做到关口前移，防患于未然。[②]

---

① 中共中央党史和文献研究院：《习近平关于网络强国论述摘编》，中央文献出版社2021年版，第136页。

② 张晓松、朱基钗、李涛：《敏锐抓住信息化发展历史机遇 自主创新推进网络强国建设》，《人民日报》2018年4月22日。

二、数字治理能力的层次结构

领导干部数字治理能力除了是对技术本身的强调、对使用技能的强调，更应将其视为一种综合素养或跨学科素养，将其理解为意识、知识和应用多层次的跨学科领域的复合素养，是一种综合性能力与胜任力。所以，领导干部数字治理能力框架除了按照素养与能力的功能和主体内容不同，划分为基础性、专业性和领导性数字素养与能力外，另一个维度是按照素养与能力的属性和层次不同，划分为意识、知识与应用等方面。前者是基于数字素养自身内容及特点的分类，后者则是运用理论研究，将数字素养与能力中的各领域内容层层解构，从而形成一个完整的领导干部数字治理能力框架。

本框架详细分析了数字治理能力在意识、知识和应用各层次的具体表现：在意识、态度等方面掌握数字时代带来的基本思维，在部署、实施等方面学习公共部门数字化转型所需的数字知识，在行为、效率等方面应用胜任数字化专业工作的数字技能，在战略、决策方面适应数字化环境与发展的数字领导力等，重构政府组织文化、工作方式，推进政府数字化转型。

1.数字化意识

数字化意识是数字化活动中产生的认识、观念、态度和需求的总和。一般包含价值意识、敏感意识、情感态度、安全与保密意识、伦理道德意识、数字化思维、数字化发展理念等。能够充分认识到数字化发展在时代中的重要作用，体现在价值观、愿景和优先事项等诸多方面。

针对基础性数字素养与能力，数字化意识包括数字化认知、数字化行为倾向以及数字化行为规范和道德等主要内容。数字化认知是指领导干部对数字化和数字化活动的了解与看法，其中最重要的是对数字化评价性的认知；数字化行为倾向是指领导干部在数字化活动中明显表现出的行为趋向，是数字化行为的心理准备状态的反映；数字化行为规范和道德也是数字化意识中的重要组成部分，贯穿信息活动和数字化各个环节中，是用来规范其间产生的各种社会关系的道德意识、道德规范和道德行为的总和。良好的数字化行为规范和道德是领导干部数字素养与能力提升的重要保障，既能提升沟通与协作效能，也能保障数字化行为的安全。各类基础性数字素养与能力对应的数字化意识表现如表3-1所示。

表3-1 基础性数字素养与能力在意识层次的具体表现

素养域	数字素养构成	数字素养具体表现
信息和数据素养	浏览、搜索和过滤数据、信息和数字内容	有主动搜索信息的意识；重视信息检索的技术能力；积极寻找适合不同生活层面的信息；对信息系统和信息功能保持一种好奇心
	评价数据、信息和数字内容	可以意识到不是所有的信息都能在互联网上查找；能够意识到找到的信息是否是至关重要的；可以意识到搜索引擎与算法在显示信息时并不是中立的
	管理数据、信息和数字内容	了解不同存储设备或服务的优缺点；了解备份的重要性；了解拥有一个可理解和实用的存储系统或方案的重要性；可以意识到将内容存储为私密或公开时可能会造成的后果；具有良好的信息服务意识
沟通与协作	通过数字技术互动	对通过数字媒体进行沟通和表达感到自信和舒服；可以意识到行为准则和适当的背景；可以意识到与陌生人在线交流的风险；能够积极参与在线交流
	通过数字技术分享	在资源、内容和知识共享方面采取积极主动的态度；对分享实践、收益、风险和限制有自己的意见；对创作实践有明智的意见；具有版权意识
	通过数字技术合作	愿意与他人分享和合作；准备好成为数字化团队的一员；能够寻找数字化的合作形式而不仅仅是基于以前面对面的接触
	网络礼仪	能够对使用和发布信息的道德原则有自己的思考；有先进的行为意识，与媒体背景、受众和法律条款相适应；对不同数字通信文化具有灵活性和适应性；接受并欣赏多样性；在数字活动中有安全意识

续表

素养域	数字素养构成	数字素养具体表现
数字内容创造	开发数字内容	不断地探索新的方式和方法；能够看到技术和媒体在自我表达和知识创造方面的潜力；重视新媒体对认识和创造过程的附加值；了解媒体和技术对公共服务和政府公信力至关重要；自信地创建媒体内容和表达相关内容；更新创造性内容
	整合和重新阐述数字内容	能够意识到对内容和资源的选择是至关重要的；可以评判和欣赏他人的工作；对现有的数据库有认识
	版权和许可证	重视相关法律框架和法规；能够独立行事，并对自己的行为和选择承担责任
数字安全	设备保护	对与在线技术相关的利益和风险持积极而现实的态度；能意识到设备保护的重要性
	个人数据和隐私保护	了解自己和他人的网络隐私原则；能够了解和意识到发布数字信息的影响；在网上表露个人信息时表现出审慎的态度
	管理数字身份	了解在线身份被暴露的好处和风险；能够意识到可以利用多个数字身份来满足多个目的；不会害怕自己的某些信息被透露
	保密	服从工作、遵守纪律的保密意识；具有良好的信息安全意识

针对专业性数字素养与能力，数字化意识除了包括数字化认知、数字化行为倾向以及数字化行为规范和道德，还在一定程度包括数字化情感的内容。数字化情感是指领导干部，尤其是信息化和数字化部门的领导干部，多次从多方面感受数字化的过程中，逐渐形成的某种持久的、稳定的、反映本质需求关系的内在心理体验。这种体验表现相对持久、相对稳定，能影响积极发展和应用数字化的态度。各类专业性数字素养与能力对应的数字化意识表现如表3–2所示。

表3–2　专业性数字素养与能力在意识层次的具体表现

素养域	数字素养构成	数字素养具体表现
数字化环境部署	架构部署	意识到架构顶层设计的重要性和意义；在开发或部署人工智能等新兴技术时，将道德（包括但不限于监督、透明度、非歧视性、可访问性、偏见和公平性等）视为核心支柱之一
	硬件部署	重视对数字设备的物理投入和维护；了解数字设备的重要价值
	软件部署	了解算法和程序在解决问题时的重要性和可能的不足；了解软件的重要性和价值；重视软件的更新迭代

续表

素养域	数字素养构成	数字素养具体表现
数字化解决方案	解决技术问题	采取主动和好奇心驱动的方法探索数字技术如何运作
	确定需求和技术响应	重视通过数字手段进行管理和服务的好处，同时重视相关风险；开放探索和发现数字技术为个人需求创造的机会；批判性地认识到，完全依赖数字技术也会带来风险
	创造性地使用数字技术	愿意面对旨在通过数字技术解决社会或实际问题的挑战；积极利用数字设备共同设计和共同创造新产品和服务，为他人创造经济或社会价值；开放参与协作过程，共同设计和共同创造基于数字化系统的新产品和服务，以支持和加强公民对社会的参与
	识别数字能力差距	有不断学习的意识；愿意帮助他人提高他们的数字能力，增强他们的优势，缓解他们的劣势；不会因技术变革的快速发展而气馁；相信人们总能更多地了解技术在当今社会中的应用；开放、好奇地将数字技术作为终身学习的内容
数字化履职	操作某一特定领域的专业化数字技术	具有获取信息并利用数字化技术改进工作效能的积极性与主动性
	解释和利用某一特定领域的数据、信息和数字内容	了解数据、信息的客观性以及其解释和利用的主观性；重视对数据、信息和数字内容的解读应用

针对领导性数字素养与能力，数字化意识形式也包含两种状态：一种是被动接受的状态，另一种是自觉寻求的活跃状态。前者是指领导干部从社会的数字化活动环境中被动地接受始料未及的数字化，后者指数字化意识的自我觉醒状态，促使领导干部制订数字化活动的计划，主动关心和了解各种数字化活动的变化，并相应地作出适当的选择。领导性数字素养与能力在意识层面最重要的表现是具有超前的数字化观念。领导干部在迎接数字化时代挑战中，必须摆脱思维惯性，更新思想理念，以超前的眼光敏锐地捕捉世界数字化革命趋势并积极主动地获取、识别、处理、应用、加工、创新数据和信息技术，全面树立前瞻性的现代数字化发展观念。这也是崇尚科学、终身学习、与时俱进、创新有为的思想基础。各类领导性数字素养与能力对应的数字化意识表现如表 3–3 所示。

表3-3　领导性数字素养与能力在意识层次的具体表现

素养域	数字素养具体表现
对互联网规律的把握能力	具备数字化发展理念；理解互联网和数字化对经济社会的作用机制；深刻领会新发展理念在网信工作中的指导作用；深刻理解四化融合发展理念；掌握大数据思维
对网络舆论的引导能力	时刻察民情、民意的数字化意识；了解政务信息公开的有关规定并对合理合法的信息公开持积极的态度；网络社会融入意识；网络意识形态安全警惕意识，深刻理解网络文化"阵地"理念
对信息化发展的驾驭能力	学网、懂网、用网的自觉；数字化创新引领意识；了解将传统公共服务技能与现代数字化技能相结合的必要性；对数据及信息技术的应用持积极态度；理解信息项目建设与传统项目建设的不同与复杂性
对网络安全的保障能力	重视网络安全与国家主权；了解总体国家安全观；具有网络空间治理意识；具有底线思维、法治思维、发展思维和自主思维；意识到使用数字系统作为政府的一部分可能存在的固有的隐私、安全和道德等方面的风险

数字化意识是形成数字素养与能力的动力。对领导干部来说，其数字化意识主要表现在是不是对数字化有着比较特殊的感受力和洞察力。比如，能够敏锐地感觉到数字化发展对于工作的开展所带来的影响，充分认识到信息和数据已是重要的社会资源和战略资本。只有具备了很好的数字化意识，才能积极主动地挖掘和鉴别信息和数据的价值，发挥数据要素作用，进一步驱动经济社会高质量发展。在互联网环境下，要求领导干部具有极强的互联网思维，要能够站在信息化发展的前沿，以具有全局性和前瞻性的思维和能力把握互联网和数字化发展规律。各级领导干部增强数字化意识的重要途径，就是深入学习领会习近平总书记关于网络强国的重要思想。

2. 数字化知识

数字化知识是通过学习吸收信息的结果，在利用数字化技术工具、促进数字化发展等过程中积累的认识和经验的总和，指一切与数字化有关的理论、认识和方法，是与工作或研究领域相关的事实、原则、理论和实践的主体。基本的数字化知识主要包括信息技术的基本常识与历史、信息系统辅助工作原理和方法、信息系统的结构与组成、信息技术的作用和影响等。

针对公务员和领导干部这个群体而言，应掌握的数字化知识除上述基本内容之外，还应格外注重信息安全知识和电子政务知识，包括了解信息资源安全的内容，知道对信息资源安全构成威胁的因素，确保信息安全可以采取的技术和管理措施，掌握电子政务的原理、流程和操作等知识。基础性和专业性数字素养与能力在知识层次的表现如表3–4所示。

表3–4 基础性和专业性数字素养与能力在知识层次的具体表现

素养域	数字素养构成	数字素养具体表现
信息和数据素养	浏览、搜索和过滤数据、信息和数字内容	理解信息是如何产生、管理和使用的；了解不同的搜索引擎；能按需使用不同的搜索引擎或数据库；理解如何在不同设备和媒体上搜索信息；理解搜索引擎对信息的分类情况；理解网络工作机制；理解网络索引原则
	评价数据、信息和数字内容	能对检索到的信息进行分析；可以对媒体发布的内容进行评估；能够判断在互联网或媒体上发现的内容的有效性，并且评估和解释信息；可以判断不同信息来源的可靠性；了解线上和线下信息的来源；可以明确来自不同的信息源需要进行交叉检查；可以把信息转化为知识；了解网络世界的力量
	管理数据、信息和数字内容	了解信息如何存储在不同的设备或服务器上；能够列举出不同的存储介质；了解不同的存储选项，并能选择最合适的
沟通与协作	通过数字技术互动	了解不同的数字通信方式；了解如何存储和显示消息和电子邮件；了解集中通信软件包的功能；了解不同通信手段的好处和限制，并根据具体情况区分最适当的通信手段
	通过数字技术分享	了解与同龄人分享内容和信息的好处；判断共享资源的价值和共享的目标受众；了解哪些内容、知识、资源可以公开共享；了解如何或何时确认特定内容的来源
	通过数字技术合作	了解协作过程有助于内容创建；了解内容创建什么时候可以从协作过程中受益，什么时候不可以；理解协作工作的动力以及给予和接受反馈的能力；能够判断他人对自己工作的贡献；可以了解不同形式的在线协作所需要的不同角色
	网络礼仪	了解数字交互中的实践规则；了解自己行为的后果；了解数字媒体中的道德问题；了解不同的文化有不同的沟通和实践方式

续表

素养域	数字素养构成	数字素养具体表现
数字内容创造	开发数字内容	了解数字内容可以以各种形式产生；了解哪些应用程序或软件更适合想要创造的内容类型；理解如何通过多媒体产生有意义的内容
	整合和重新阐述数字内容	对公共知识领域有贡献；了解资源可以从不同和不连续的信息源构建；了解可以混合重用的不同数据库和资源
	版权和许可证	了解有关使用及公布资讯的牌照管制原则；了解版权和使用许可规则；了解有不同的方式授权知识产权产品；理解版权、创作共用和公共领域许可之间的区别
数字安全	设备保护	了解使用技术会有一些风险；了解当前和最新的规避风险的策略；了解与在线使用相关的风险
	个人数据和隐私保护	了解网上服务的使用条款，并可在知悉后谨慎行事；了解一些交互式服务会或多或少地对商业消息进行过滤；能够区分数据保护和数据安全；了解在数字领域的适当行为；了解如何看到自己的数字足迹；了解怎样做可以保护自己的数字信息不被第三方使用；知道如何保护适用于他人的资料
	管理数字身份	了解拥有一个或多个数字身份的好处；了解身份被盗用和其他证件被盗用的风险；了解互联网世界和现实世界之间的联系；了解有哪些元素可以积极或消极地构建数字身份
	保密	了解关于数据安全和保密的相关法律法规；公职人员应该了解公务员法中关于信息保密的相关规定；数据处理者应该明确自己的义务与责任，知晓哪些信息与数据是涉密的
数字化环境部署	架构部署	了解应用架构、技术架构、安全架构、网络架构等架构的基础知识；了解分布式、微服务架构、集群部署等不同部署模式的优缺点
	硬件部署	了解最常见数字设备的主要功能；了解常见硬件配件的功能和组配操作；懂得如何寻求相关操作信息和知识
	软件部署	了解算法的逻辑和基础知识；了解软件部署的基本知识和重点；了解常见的办公软件应用程序的各项功能和部署应用；了解软件的更新迭代知识

续表

素养域	数字素养构成	数字素养具体表现
数字化解决方案	解决技术问题	知道有一些问题无法在合理的时间内用任何已知技术或算法准确解决，了解在实践中如何通过近似解决方案来解决；了解常见故障（如数字设备无法在线连接）的原因和处理；知道可以提高计算能力或存储容量，以克服硬件的快速过时（例如，通过将电源或存储作为服务进行承包）；知道物联网（IoT）和移动设备及其应用中最常见的问题源与连接网络/网络可用性、电池/电源或者有限的处理能力有关
	确定需求和技术响应	了解技术功能、特点以及构成、应用；了解人工智能系统的一些应用和对应的业务需求，例如：服务和消息推荐（如政策和新闻推送）、语音识别（如通过虚拟助理快速响应政务热线）、图像识别和面部识别（如监控系统）；了解可提高数字内容和服务的包容性和可访问性的技术方法，如文本到语音的转换等工具
	创造性地使用数字技术	知道通过在线或屏幕协作解决问题意味着可以利用他人的各种知识、视角和经验，从而获得更好的结果；知道数字技术和电子设备可作为支持新工艺和创新的工具，以创造社会、文化和/或经济价值；知道创造经济价值的东西可能危及或提高社会或文化价值；知道物联网技术有可能应用于许多不同的部门（如医疗保健、农业、工业、汽车、公民科学活动）
	识别数字能力差距	知道具备数字能力需要积极和负责任地使用数字技术，以实现与工作、学习、休闲、包容和参与社会相关的目标；知道在与数字技术交互时遇到的困难可能是由于技术问题、缺乏信心、自身能力不足或无法选择数字工具来解决问题；知道数字工具可用于帮助确定一个人的学习兴趣和设定个人生活目标；知道在线学习可以提供更多机会（例如视频教程、在线研讨会、混合学习课程、大规模开放在线课程），以跟上数字技术的发展并培养新的数字技能
数字化履职	操作某一特定领域的专业化数字技术	知道自己业务领域有哪些专业化的数字技术和数字软硬件设备设施；知道如何获取专业化的数字技术支撑；知道专业化的数字技术和数字软硬件设备设施的操作知识
	解释和利用某一特定领域的数据、信息和数字内容	知道自己业务领域的数据、信息和数字内容有哪些获取渠道；知道如何鉴定判别某一特定领域的数据、信息和数字内容；了解某一特定领域的数据、信息和数字内容的打开和解释方法

针对领导性数字素养与能力来说，最重要的知识不是微观上的操作知识，而是偏中宏观的知识视野，因而首要的就是学习领会习近平总书记关于网络强国的重要思想。从认识上来说，需要在全面系统学习领会

基础上学懂弄通，抓住重点、抓住关键、抓住要义，认识网信工作在党和国家事业全局中的重要地位；从理解上来说，需要从全局、历史、战略的角度准确领会新理念、新论断、新目标、新任务、新要求；从本质上来说，需要深刻学习领会习近平新时代中国特色社会主义思想的精神实质与核心要义。在习近平总书记关于网络强国的重要思想的引领下，进一步学习有关互联网规律、网络舆论引导、信息化发展、网络安全保障等方面的基础知识和前瞻理论，具体如表3–5所示。

表3–5 领导性数字素养与能力在知识层次的具体表现

素养域	数字素养构成	数字素养具体表现
学习领会习近平总书记关于网络强国的重要思想	网络强国战略	了解网络强国战略的内涵、目标和战略部署；深刻理解中国特色治网之道；党对网信工作集中统一领导；掌握网络强国建设的战略目标、原则要求
	数字中国建设	了解数字中国建设的内涵、目标和战略部署；掌握数字政府、数字经济、数字社会、数字文化、数字生态等相关战略规划
	网络安全观	树立正确网络安全观；理解网络主权与网络霸权；深刻理解安全与发展的辩证关系
	网络空间命运共同体	了解我国互联网发展治理的国际主张；理解网络空间国际规则和国际合作，提升我国对网络空间的国际话语权和规则制定权
对互联网规律的把握能力	对数字化发展及其影响的把握能力	了解计算机、互联网基础知识和基本概念；学习数字化发展的历史和影响；深刻理解数字化转型存在的潜力
	对大数据发展规律的把握能力	了解大数据发展的背景、现状和前景；掌握大数据战略的内涵、目标和战略部署；知道数据的价值和作用
	对新技术发展趋势和影响的预测和研判能力	了解人工智能、区块链、量子技术等前沿技术的基本知识、发展趋势及可能的风险和影响
对网络舆论的引导能力	运用网络了解民意	了解电子参与相关的理论和知识；深刻把握网信事业发展必须贯彻以人民为中心的发展思想
	舆情监控	认识网络传播规律；准确把握网上舆情生成演化机理；了解网上意识形态斗争的主要表现和影响作用
	引导舆论和动员群众	掌握多媒体、新媒体、融媒体等相关基本理论知识；深刻理解党的群众路线；了解构建网上网下同心圆的意义和工作方法；从文化学、传播学、社会学、心理学等多学科理解网络文化科学内涵

续表

素养域	数字素养构成	数字素养具体表现
对信息化发展的驾驭能力	谋划、推动和引导互联网发展	了解互联网发展的生态环境、重大意义和主要途径；了解信息技术、信息产业发展动态
	数字化变革	了解采用数字化技术的风险和作用；了解信息化工程立项、建设、组织工作的特点；了解解决数字鸿沟的重要性，以及相关政策方针
	数字化战略决策能力	了解国际信息化发展战略；理解我国信息化发展现状与挑战；掌握信息化决策理论、方法
对网络安全的保障能力	网络安全管理体系	了解网络安全管理相关组织机构；了解等级保护相关知识；了解分级保护相关知识
	网络安全法规政策体系	掌握网络安全管理相关规定；了解网络安全法规政策体系内容
	数据安全保障体系	了解数据安全法律法规内容；了解数据安全管理组织机制

3.数字化应用

数字化应用能力是整个数字治理能力的体现，指运用数字化知识完成任务和解决问题的能力。从狭义上说，指的是个体对信息系统和数字化工具的使用能力。从广义说，还应包含语言技能、思维技能、观察技能、判断技能、沟通技能等间接技能。总之，数字化应用能力是指有效利用数字化设备和其他信息资源的能力，包括认知技能（涉及逻辑、直觉和创造性思维的使用）和实用技能（涉及方法、材料、工具和仪器的使用）。

公务员和领导干部的数字化应用能力表现在多个方面，其基础性和专业性数字素养与能力更多体现的是实用技能，通过学网、懂网、用网，主动适应信息化要求，运用互联网、大数据、人工智能等技术手段进行行政管理，善于推动各领域信息化工作，建立“用数据说话、用数据决策、用数据管理、用数据创新”的管理机制，实现基于数据的科学决策，为有效处理复杂社会问题提供新的手段，从而更好用信息化手段感知社会态势、畅通沟通渠道、辅助科学决策，实现治理体系和治理能力现代化（如表3–6所示）。

表3–6 基础性和专业性数字素养与能力在应用层次的具体表现

素养域	数字素养构成	数字素养具体表现
信息和数据素养	浏览、搜索和过滤数据、信息和数字内容	按需调整检索方式；能根据超链接或其他非线性形式跟踪信息；能进行信息筛选；能根据有限的线索完成检索；能够优化信息搜索方案，根据所用的搜索工具选择合适的关键词；有以目标为导向的信息技能策略；能根据算法构建并调整信息检索方式；能根据不同的搜索引擎、应用软件或设备选择合适的检索方法
	评价数据、信息和数字内容	能够处理推送给用户的信息；能够评估信息的有用性、及时性、准确性和完整性；能够比较、对比和整合不同来源的信息；可以区分可靠的信息来源和不可靠的信息来源
	管理数据、信息和数字内容	根据分类方案或方法对信息和内容进行解构和分类；将信息和内容组织起来；可以上传和下载信息和内容并进行分类；可以使用各种分类方案来存储和管理资源和信息；能够使用信息管理服务、软件和应用程序；能够检索和访问以前存储的信息和内容；能够标记内容
沟通与协作	通过数字技术互动	能够使用发送电子邮件等数字化沟通手段；能够通过多种方式进行交流；评估受众并根据受众量身定制沟通方式；能够过滤收到的信息；能够根据目的选择合适的沟通方式
	通过数字技术分享	能够查看数字内容的版权；能够分享在互联网上找到的内容；能够使用社交媒体等新媒体来分享工作
	通过数字技术合作	能够使用软件包和基于网页的协作服务；能够给予和接受反馈；能够和别人保持工作联系；能够使用社交媒体等新媒体实现不同的协作目的
	网络礼仪	能够保护自己和他人免受网络上的威胁；能够科学文明上网；能够制定处理网络欺凌以及发现不当行为的策略
数字内容创造	开发数字内容	能够使用基本的软件创建不同形式的数字内容；能够使用数字媒体创建和展现信息和知识；能够运用多种媒介创造性地进行表达；能够编辑内容，以提高最终输出内容的质量
	整合和重新阐述数字内容	能够使用编辑功能修改内容；能够使用数字媒体创建知识；能够创作和共享内容；能够将现有的不同内容重新组合成新的内容；能够通过混合和重新搭配创造新的内容；掌握政务信息的发布技术
	版权和许可证	能够保护自己的数字产品的版权；能够找到版权和许可证规则的相关信息；能够获取授权并避免侵权

续表

素养域	数字素养构成	数字素养具体表现
数字安全	设备保护	能够安装反病毒软件；能够通过使用密码来降低被欺诈的风险；能够保护不同的设备免受数字世界的威胁
	个人数据和隐私保护	能够在隐私问题上谨慎行事；能追踪到关于自己的信息；能够删除或修改自己或自己负责的他人的信息；能够把控个人数据的使用场景和权限
	管理数字身份	有能力管理和使用自己的数字身份；确保设备和任何网站的登录信息安全，不记录或与任何人共享；能够追踪自己的数字足迹
	保密	能够采取正确设置密码等方式保障信息安全；能够以正规的方式传达公文和涉密文件；能够根据不同情况采用合适的保障数据安全的基本方式
数字化环境部署	架构部署	能够部署恰当的应用架构、技术架构、安全架构、网络架构等架构；能够合理判断、选择和采用分布式、微服务架构、集群部署等不同部署模式
	硬件部署	能够对数字设备进行维护；熟悉数字设备的用途；掌握数字设备和系统的一些一般设计和操作原则；可以在设备上使用辅助工具，使其更容易使用
	软件部署	能够部署使用常见的办公软件应用程序；能够及时更新迭代软件和系统；能够部署使用数据管理系统和数字系统；能够用相应软件来组织和显示信息
数字化解决方案	解决技术问题	能够验证和排除与互连物联网设备及其服务相关的问题；采取循序渐进的方法来确定技术问题的根源，并在遇到技术故障时探索各种解决方案；能够在遇到技术问题时找到解决方案；掌握电子政务平台的使用和简单维护技术；能够应用先进的工具、技术和配置来保护硬件、软件、信息和系统
	确定需求和技术响应	识记信息技术包含的多种应用软件、程序以及评价方法等，能够根据需要进行分类、比较；区别不同信息技术软件、工具等产品性质和功能，确定其背后的运行原理，并可进行灵活的应用；判断信息技术已有产品的有效性并根据任务需要进行产品设计和创新
	创造性地使用数字技术	能够使用数字技术以帮助将想法转化为成果；能够识别可用于设计、开发和测试物联网技术和移动应用程序的在线平台；能够规划使用多个物联网和移动设备执行任务的策略；能够通过数字、混合和非数字解决方案解决社会问题
	识别数字能力差距	能够通过评估工具、数字技能测试和认证等获得关于数字能力的可靠反馈；能够掌握数字能力水平，制订计划并采取行动提高技能；能够帮助他人提升数字能力

续表

素养域	数字素养构成	数字素养具体表现
数字化履职	操作某一特定领域的专业化数字技术	能够操作专业化的数字技术和数字软硬件设备设施；能够获取专业化的数字技术支撑
	解释和利用某一特定领域的数据、信息和数字内容	能够获取业务领域的数据、信息和数字内容；熟悉相关数字符号和术语；能够鉴定、判别某一特定领域的数据、信息和数字内容；能够解释和利用某一特定领域的数据、信息和数字内容

公务员和领导干部的领导性数字素养与能力更多体现的是认知技能。不能期望和要求领导干部尤其是高级领导干部在所有数字治理能力领域都具备深厚的专业知识和专业技能，但他们需要具备突出的统筹协调能力和长远的发展眼光，以及充分发挥相关团队作用和多方力量，知道何时以及如何召集相关专家，如何全面评估专家的意见建议是否可信可用的能力，能够掌握和使用逻辑、直觉和创造性思维（如表3–7所示）。具备数字治理能力的领导干部必须掌握网络安全与信息化工作的基本方法，在习近平总书记关于网络强国的重要思想指导下，观察网络安全与信息化问题，提高制定出台相关政策文件的能力和水平。也就是说，充分具备领导性数字素养与能力的领导干部拥有宏观把握能力，能够采用发展的眼光看待问题，能够在一定程度上预测问题和风险所在，例如，本可避免的安全漏洞，或者政府服务设计中不当的偏见等，从而在整体上把握数字化技术的应用。

数字政府的一个关键就是决策与支撑，如何利用数据科学决策，预测政策需求、洞察规划未来，是数字政府应对危机、解决核心问题的目标。习近平总书记指出，各级领导干部要加强学习，懂得大数据，用好大数据，增强利用数据推进各项工作的本领，不断提高对大数据发展规律的把握能力，使大数据在各项工作中发挥更大作用。① 面对庞大的信息资源库，领导干部数字治理能力的核心体现之一为大数据整合能力，即将规模小、效率低、能耗高的分散数据库，逐步构建成规模适度、绿色集约的政务数据中心。大数据整合能力是领导干部对政府大数据应用中产生的信息资源进行综合、集成和系统化再构建的能力，是政府数据协同共享的前提。具有高水平的大数据整合能力有助于领导干部更加系统完整地认识政府大数据应用中产生的信息数据，通过领导活动提高不同的政府信息系统协同共享的效率与效益。

表3–7 领导性数字素养与能力在应用层次的具体表现

素养域	数字素养具体表现
对互联网规律的把握能力	能够从科技进步、经济增长、社会发展、政府治理等多维度把握互联网发展规律及其影响；学网、懂网、用网的自觉和能力；能够在战略计划中充分体现和融入互联网思维和数字化理念
对网络舆论的引导能力	媒体应对；管理新媒体；能够运用网络了解民意；善于运用先进技术传播先进文化，牢牢掌握意识形态工作领导权；依法打击和严惩网络犯罪；主动引导网上舆论，有效防范和遏制有害信息传播
对信息化发展的驾驭能力	掌握政务信息化工程立项、建设、组织工作；善于运用信息化解决工作面临的痛点难点问题；推动各领域信息化；利用数据推进各项工作；营造良好的信息化发展政策环境；利用信息技术和数据资源支撑决策
对网络安全的保障能力	构筑网络和信息安全防护体系；制定安全管理体系；保障网络设施、信息系统和数据安全；部署和掌握安全实施工作

三、数字治理能力的发展阶段

虽然人类正在进入数字时代，但是由于不同地区、领域、人群之间对信息通信技术的接触机会和在许多活动中的互联网应用方面存在不同，那些较多拥有数字技术和工具的个体、家庭、组织机构、地区，与较少

① 《审时度势精心谋划超前布局力争主动 实施国家大数据战略加快建设数字中国》，《人民日报》2017年12月10日。

或未曾拥有数字技术和工具者之间，存在着知识的落差、应用程度的不同以及创新能力的差别，存在不均衡的数字鸿沟现象，这种差异和不均衡广泛表现在性别、年龄、职业、行业、地区、民族以及文化之间。数字鸿沟普遍存在，不同领域、不同地区、不同级别的公务员和领导干部的数字治理能力也存在一定的差异性。为了明晰数字治理能力各领域不同水平和阶段的具体表现，可以大致将各种数字素养与能力的发展分为不同的3个阶段：适应阶段、提升阶段和创新阶段。

通过数字治理能力的组成内容和层次结构两个维度搭建起来的数字能力概念框架，为领导干部数字素养与能力的教育培训目标重构提供了依据，但如何成为指导领导干部数字治理能力提升的教育培训中的指南，还需要建立起数字素养与能力构成要素到教育培训目标的映射，从而建立起可操作的具有实用性的模型。而明确的阶段划分，有助于引导数字素养与能力的发展方向，针对需要加以强化的具体数字素养与能力进行精准培训和学习，从而促进领导干部数字治理能力的建设和提升。

1.数字治理能力阶段划分的视角

有研究表明，以互联网为代表的数字知识和技术的接触和使用状况存在4种主要差异，这些差异被形象地概括为“ABCD”，分别代表着：A（Access），指的是人们在互联网接触和使用方面的基础设施、软硬件设备条件上的差异，经济地位优越者在这个方面有着突出的优势；B（Basic skills），指使用互联网处理信息的基本知识和技能的差异，这一知识和技能的掌握程度和受教育程度有着密切关系；C（Content），指互联网内容的特点、信息的服务对象、话语体系的取向等更适合哪些群体使用和受益。因为互联网上虽然存在着海量的信息，但这些信息并非是均匀分布的，而是有偏向性的存在；D（Desire），指使用互联网的意愿、动机、目的和信息寻求模式的差异。

考虑划分数字治理能力的不同阶段时，除了上述视角之外，还可以根据能够处理的任务的复杂性、完成任务时的自主性和认知层面，去判别当前公务员和领导干部的数字治理能力具体处于哪个级别。例如，数字治理能力适应阶段的公务员和领导干部只有在被动收到要求时，才会初次或者低频接触相关数字素养与能力，并在他人指导下，通过记忆的方式，处理和完成简单的任务。然而，数字治理能力创新阶段的公务员和领导干部则会积极主动地应用相关数字素养与能力，评估和创造新的方式来自己解决或者指导他人解决非常规任务和复杂问题。具体各个阶段对应的不同划分依据和考虑如表3–8所示。

表3–8　不同阶段数字治理能力的区别

阶段划分	适应阶段	提升阶段	创新阶段
任务的复杂性	简单任务	明确的常规任务和简单问题	非常规任务和复杂问题
认知层面	记忆	理解和习惯	评估和创造
自主性	需要指导	自主独立	指导他人
意愿	被动	有目的	积极主动
接触情况	初次或者低频接触	重复性接触	随时随地接触

2.基础性数字素养与能力的不同阶段

基础性数字素养与能力既是普通公众应具备的生存和生活能力，也是公务员和领导干部最基本的数字时代治理能力，在进行阶段划分时，主要考虑在互联网接触和使用方面的基础设施、软硬件设备条件上的差异，以及使用互联网处理信息的基本知识和技能的差异。各阶段的具体表现如表3–9所示。

表3-9　不同阶段基础性数字素养与能力的区别

领域	具体能力	适应阶段	提升阶段	创新阶段
信息和数据素养	浏览、搜索和过滤数据、信息和数字内容	可以利用搜索引擎检索信息；知道如何存储信息；知道打开已存信息的方法；知道并非所有的网上信息都是可靠的	可以浏览互联网的信息；可以搜索网上信息；可以按需选择信息；可以比较不同的信息源；知道如何保存、存储或标记文件、内容和信息；有个性化的存储策略；可以检索和管理存储的内容	可以利用多种方法搜索互联网上的资讯并浏览；可以找到核心信息内容；可以评估信息有效性和可信度；可以过滤并监视收到的信息；可以使用不同的方法和工具来组织文件、内容和信息；可以检索和管理存储的信息；知道网上信息共享区（如微博）
	评价数据、信息和数字内容	知道并不是所有网上的信息都是可靠的	可以对不同的信息源进行对比	对找到的信息持有挑剔的态度，反复检查其有效性和可信度
	管理数据、信息和数字内容	知道如何保存文件和内容（如文本、图片、音频、视频和网页）	可以保存、存储或标记文件、内容和信息，有自己的存储策略；可以检索和管理自己保存的信息和内容	可以运用不同的方法和工具来组织文件、内容和信息；可以部署一组策略来检索自己或他人组织和储存的内容
沟通与协作	通过数字技术互动	可以使用通信工具的基本功能与他人进行交流	可以使用集中数字工具，使用更先进的通信工具	正在使用各种各样的在线交流工具；可以采用最符合目的的数字模式和通信方式；可以为他人量身定做沟通的形式和方式；能够处理不同类型的交流
	通过数字技术分享	可以通过简单的技术手段与他人共享文件和内容；可以通过电子邮件附件上传图片等到互联网	可以参与社交网络和在线社区，传递或分享知识、内容和信息	通过在线社区、网络和协作平台，积极与他人分享信息、内容和资源
	通过数字技术合作	可以通过使用传统技术与他人合作	可以使用简单的数字工具与他人合作创建和讨论输出	经常自信地使用集中数字协作工具和手段与他人协作，共享资源、知识和内容
	网络礼仪	知晓使用数字工具与他人交流时的基本行为准则	知道网络礼仪的原则，能够把它们应用到自己的环境中	可以将网络礼仪的各个方面应用到不同的数字交流空间和语境中；制定了一些发现不当行为的策略

续表

领域	具体能力	适应阶段	提升阶段	创新阶段
数字内容创造	开发数字内容	可以创造简单的数字内容	可以制作不同格式的数字内容	可以制作不同格式、不同平台和环境的数字内容；可以使用各种数字工具来创建原始的多媒体输出
	整合和重新阐述数字内容	可以对别人制作的内容进行基本的修改	可以编辑、提炼和修改自己或他人制作的内容	可以混合现有的内容来创建新的内容
	版权和许可证	知道自己使用的一些内容是受版权保护的	对版权有基本的了解，并对自己创作的内容申请许可	知道不同类型的许可证如何适用于自己使用和创建的信息和资源
数字安全	设备保护	可以使用基本步骤来保护自己的设备（如使用反病毒软件、密码等）	知道如何保护数字设备，并且更新安全策略	经常更新安全策略，在装置受到威胁时采取行动
	个人数据和隐私保护	知道只能在网络环境中分享自己或他人的某些类型的信息	可以保护自己和他人的在线隐私；对隐私问题有一个大致的了解；对数据是如何被收集和使用的有基本了解	经常更改在线服务的默认隐私设置，以加强对个人隐私的保护；对隐私问题有广泛的了解；知道数据是如何被收集和使用的
	管理数字身份	知道与数字身份相关的好处和风险	可以塑造在线数字身份，并跟踪自己的数字足迹	可以根据背景和目的管理多个数字身份；可以监控在线互动产生的信息和数据；保护自己的数字声誉
	保密	能够按照基本规定在数字环境中保护涉密信息	在各类方法中选择最恰当的方式保护涉密信息，免受泄露的风险	能够创建保护涉密数据的方案，并且向他人普及如何保护涉密数据

3. 专业性数字素养与能力的不同阶段

专业性数字素养与能力主要是特定行业和特定部门中对数字化和数据作用的把握和应用能力，尤其是信息化相关管理和服务部门，在进行阶段划分时，除考虑使用互联网处理信息的基本知识和技能的差异之外，还要着重考虑任务的复杂性，支撑其他部门和人员的能力和水平，以及更适合哪些群体使用和受益。各阶段的具体表现如表3–10所示。

表3-10 不同阶段专业性数字素养与能力的区别

领域	具体能力	适应阶段	提升阶段	创新阶段
数字化环境部署	架构部署	了解架构部署包含的主要内容	能够合理选择采用分布式、微服务架构、集群部署等不同部署模式	能够根据需求，及时采用新技术来创建最符合组织实际的架构部署模式
	硬件部署	了解硬件配件的各项功能，并且能够部署这些功能；说明和演示常用硬件的使用方法	综合利用多种数字工具和资源	自行开发和组配数字工具来支持相应的工作与学习
	软件部署	确定并部署工作软件环境；可以修改软件和应用程序的一些简单功能（应用基本设置）；确定并评估工作软件和网络资源	熟练采用和选择适合本工作领域的软件；可以对软件和应用程序进行一些修改（高级设置、基本程序修改）；评估网络资源和网络工具的准确性和适用性，以支持工作需求	创建在线工作环境，支持线上远程工作；可以接触（开放）程序，修改、更改或编写源代码；可以快速响应业务软件部署需求
数字化解决方案	解决技术问题	当技术不起作用或使用新的设备、程序或应用程序时，可以请求有针对性的支持和帮助	可以解决技术不起作用时出现的简单问题	可以解决因使用技术而产生的各种问题
	确定需求和技术响应	可以使用一些技术来解决问题，但任务有限；可以在日常练习中选择数字工具时作出决定	理解技术能做什么，不能做什么；可以通过探索技术可能性来解决非常规任务；可以根据目的选择合适的工具，并评估工具的有效性	在为不熟悉的任务选择工具、设备、应用程序、软件或服务时，会作出明智的决定；知道新的技术发展；了解新工具是如何工作和操作的；可以批判性地评估哪个工具最适合应用
	创造性地使用数字技术	知道技术和数字工具可以用于创造性目的；可以创造性地利用技术	可以使用技术进行创造性输出，也可以使用技术解决问题（如将问题可视化）；可以与其他人合作创新，进行创造性产出	可以利用技术和数字工具解决概念问题，可以通过技术手段为知识创造作出贡献，可以通过使用技术参与创新行动；积极与他人合作，以产生创造性和创新性成果
	识别数字能力差距	有一些基本知识，知道在使用技术时的局限性	知道如何通过学习和培训来提升技术应用能力	经常评估和更新数字能力需求，缩小数字鸿沟

续表

领域	具体能力	适应阶段	提升阶段	创新阶段
数字化履职	操作某一特定领域的专业化数字技术	掌握数字化技术技能，提高工作能力	利用数字化技术获取和分享可以支持专业发展目标的资源	利用数字化技术获取资源和探索新的工作方法；持续开发、实验、指导、创新和分享最佳做法，确定让技术服务于工作的最佳方式
	解释和利用某一特定领域的数据、信息和数字内容	获取和记住专业领域的数据、信息和数字内容	理解和利用专业领域的数据、信息和数字内容	创造和更新专业领域的数据、信息和数字内容

4. 领导性数字素养与能力的不同阶段

习近平总书记指出，要选好配好各级网信领导干部，把讲政治、懂网络、敢担当、善创新作为重要标准。[①]领导性数字素养与能力更偏向于掌舵者的角色，而不是具体划桨者，要求整体把握数字治理的发展方向和建设路线，贯彻以人民为中心的发展思想，重视服务用户的体验，并能与专家和其他团队合作，针对具体的问题和用户的需求，设计、测试和采取有效的解决方案，推进国家治理体系和治理能力现代化。数字治理能力的建设和发展不是一蹴而就的，各级领导干部要主动适应信息化要求、强化互联网思维，要学网、懂网、用网，积极谋划、推动、引导互联网发展，提高用网治网水平，使互联网这个最大变量变成事业发展的最大增量。

一是学习和适应阶段。在这一阶段，各级领导干部首要的就是学习领会习近平总书记关于网络强国的重要思想，熟读并记忆网络强国战略、数字中国建设、网络安全观、网络空间命运共同体等重要思想和战略，形成数字化发展理念和大数据思维。培养时刻察民情、民意的数字化意

① 中共中央党史和文献研究院：《习近平关于网络强国论述摘编》，中央文献出版社2021年版，第12页。

识、网络社会融入意识、网络意识形态安全警惕意识，具有底线思维、法治思维、发展思维和自主思维，对数据及信息技术的应用持积极态度，适应并融入数字治理模式。

二是提升和应用阶段。在这一阶段，各级领导干部具备学网、懂网、用网的自觉，深刻理解和掌握互联网和数字化对经济社会的作用机制，深刻领会新发展理念在网络安全与信息化工作中的指导作用，深刻理解“四化”融合发展理念。能够熟练地将习近平总书记关于网络强国的重要思想应用于具体工作中，例如，将网络安全与信息化工作纳入重点工作计划和重要议事日程，定期听取汇报，加强政策研究，加大各方面投入，及时解决新情况新问题；能够通过互联网组织群众、宣传群众、引导群众、服务群众，具备同媒体打交道的能力，不断提高网络意识形态工作能力和水平；能够推动各领域信息化，运用信息化解决工作面临的痛点难点问题；能够部署和掌握安全实施工作，保障网络设施、信息系统和数据安全。

三是创新和引领阶段。在这一阶段，各级领导干部能够增强改革创新本领，善于运用互联网技术和信息化手段开展工作，善于结合实际创造性地推动工作，不断推进工作理念、方法手段、载体渠道、制度机制创新。能够确定改善政府运作、服务提供或政策制定的机会和技术创新，制定科学合理的目标规划，引领经济社会高质量发展。同时，互联网具有“去中心化”特征，政府难以掌握治理所需的所有信息和技术手段，单靠政府是无法解决互联网及其使用带来的所有问题的，因而各级领导干部要能够团结各利益相关方共同参与治理，建立各利益相关方共同参与的协调机制，注重各利益相关主体之间的制度规范和权力制衡，注重各利益主体之间的相互依存，体现网络社会的互动关系。能够正确处理安全和发展、开放和自主、管理和服务的关系，有效地在包含法律、技术、设计、政策和管理等技能的多学科团队中工作并领导团队，不断提高对互联网规律的把握能力、对网络舆论的引导能力、对信息化发展的驾驭能力、对网络安全的保障能力，把网络强国建设和数字治理能力建设不断推向前进。

第四章 领导干部数字治理能力建设

领导干部数字治理能力建设是一项长期性、系统性任务，在顶层设计的指导下，从能力评估、教育培训、人才支撑和数字基础设施建设等诸多方面共同努力，建设并提升领导干部数字治理能力，建设体系如图4-1所示。

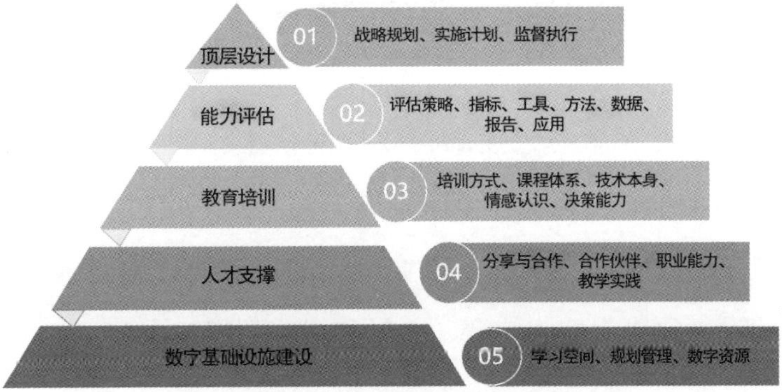

图4-1　领导干部数字治理能力建设体系

顶层设计是把领导干部数字治理能力建设置于党和国家事业全局的视野下去考察。习近平总书记强调，过不了互联网这一关，就过不了长期执政这一关。[①] 这一要求从战略和全局上明确了领导干部学网、懂网、用网，提升数字治理能力的重要性和紧迫性。在顶层设计

① 中共中央党史和文献研究院：《习近平关于网络强国论述摘编》，中央文献出版社2021年版，第3页。

的指导下，通过适当的评估策略，依据数字治理能力框架，使用有效的评估工具和方法，采用问卷、访谈等方式生成数据分析报告，了解当前领导干部数字治理能力的需求和不足。针对当前干部队伍数字治理能力现状及工作特点，分级分类建立党政领导干部数字治理能力提升培训体系，开发相应课程，通过教育培训增强领导干部对技术本身，以及数字治理的情感认知与决策能力。课程体系的建设离不开各级党校（行政学院）及其师资的职业发展与提升所提供的人才支撑，通过分享与合作，构建合作伙伴关系，增强职业能力。最后通过搭建物理和虚拟学习空间，建设和管理数字基础设施，形成数字化的学习环境与学习资源。

一、数字治理能力的顶层设计

习近平总书记强调，要把网信工作摆在党和国家事业全局中来谋划。[①]而推动网信工作健康发展，离不开一支过硬的干部队伍。也就是说，数字时代，在党和国家事业全局的顶层设计中，领导干部数字治理能力建设必须成为整体使命、愿景和战略的组成内容。

1.战略规划

在战略规划过程中应充分考虑数字治理能力，而这些数字素养与能力反过来可成为长期发展愿景的基石。这一愿景应通过数字领导力和数字治理得到明显支持，并在中短期战略计划中加以阐述。

战略规划中囊括数字化教育培训的内容。将整合数字化教育培训及其在领导干部数字治理能力建设中的使用等内容，清楚地嵌入到顶层设

① 中共中央党史和文献研究院：《习近平关于网络强国论述摘编》，中央文献出版社2021年版，第43页。

计的使命、愿景和战略中。

凸显领导干部数字治理能力建设的潜力和重要性。党和国家的战略流程、规划流程和相关文件中应该包含领导干部数字治理能力建设的愿景和使命，明确阐述数字化思维意识、知识技术能力在治理体系和治理能力现代化方面的潜力，旨在实现更全面的领导干部数字治理能力建设成果。

推广扩散数字化教育培训的优秀成就和经验成果。通过设立适当的流程，以便在组织机构间就数字化教育培训的愿景和收益进行内外部沟通学习。

明确目标和指标，促进领导干部数字治理能力得到持续提升。战略规划应以关于数字化教育培训应用的研究为依据，在整个规划范围内可持续地嵌入数字化教育培训相关的具体目标及绩效指标。

2. 实施计划

领导干部数字治理能力建设相关的战略内容需要在具体的实施计划中得到贯彻和落实。一个明确且实际的数字素养与能力提升的实施计划，需要在教学、学习和评估的总体政策或战略计划的背景下，有明确的优先事项和可衡量的目标，以便在整个国家范围内有效部署领导干部的数字化教育培训。

明确责任主体。数字素养与能力提升的实施计划需要根据具体情况制订，需要明确具体机构负责整合数字化教育培训和数字化学习技术，促进一体化发展，解决发展建设中可能存在的障碍和问题。

保障各利益相关方拥有一定程度的自主权。数字素养与能力提升的实施计划在总政策或目标要求的背景下，使内外部各利益相关方在实施数字化教育培训方面享有一定程度的自主权。

制定相应的机会、激励和奖励机制。数字素养与能力提升的实施计划需要为积极参与数字能力建设和学习环境现代化进程的人员确定机会、激励和奖励。

与国家相关工程实施规划保持一致。数字素养与能力提升的实施计划应该与数字中国建设、高质量发展和全民数字素养提升等国家规划相一致，包括扩大数字化教育培训的参与面和覆盖面，以实现治理现代化、教育现代化和资源复用等多重目标。

3.监督执行

建设领导干部数字治理能力需要建立管理和治理模式，以协调和监督数字时代领导干部数字治理能力提升相关实施计划的施行，包括有效利用人力资源和其他资源，协调整合和有效利用数字化教育培训。

对实施计划有共同的理解和投入。相关组织机构对于为何以及如何建设领导干部数字治理能力有着共同的理解，相关人员能够对整合数字化教育培训的实施计划进行奉献和投入。

明确分配管理责任。明确指定管理层负责交付和监督领导干部数字治理能力提升的实施计划。

资源、预算和人员配置保持一致。领导干部数字治理能力提升实施计划所需的人员配置和预算资源得到明确确定，并在组织预算和人员配置计划的前提下得到优化。

对实施计划的成果、质量和影响进行评估。定期审查和报告领导干部数字治理能力提升实施计划的成果、质量和影响，并根据不断变化的发展需求、新兴的技术趋势和教育培训发展情况对其进行更新。

评估具体的试点项目。制定适当的流程，对作为建设领导干部数字治理能力实施计划一部分的组织采取的具体举措或试点加以评估。

执行情况是有基准可循的。建立一个常规性的规范程序和机制，以便从外部以第三方的方式对领导干部数字治理能力进行评估，并与区域、国家或国际上的类似组织机构和个人进行比较。

对政策和发展方向进行监督管理。管理委员会或其他管理机构参与建设领导干部数字治理能力和数字化教育培训相关的政策和方向问题。

二、数字治理能力评估

要全面了解掌握当前我国各级领导干部在信息和数据素养、沟通与协作、数字内容创造、安全保密、数字化环境部署、数字化解决方案、数字化履职、对互联网规律的把握、对网络舆论的引导、对信息化发展的驾驭和对网络安全的保障等方面的能力水平现状，需要根据不同层级领导干部的岗位特点，对领导干部数字治理能力进行分类化设置，分别设定不同层级领导干部数字治理能力预期和要求。基于领导干部数字治理能力框架体系，围绕对各级领导干部在基础性数字素养与能力、专业性数字素养与能力、领导性数字素养与能力等方面的不同要求，建立领导干部数字治理能力分级分类评价体系，提出相对应的能力测评指标，对建设领导干部数字治理能力开展评估分析。

1.评估策略的设定

领导干部数字治理能力评估的核心策略就是分类分级。在考虑领导干部数字治理能力框架时，根据领导干部的权责和任务分工的差异，客观上对领导干部数字治理能力构成提出了差别化的要求，因而已经根据不同领域和级别的领导干部岗位特点，对领导干部数字治理能力进行了分类化考虑。同时，对于各级领导干部在互联网规律把握能力、网络舆论引导能力、信息化发展驾驭能力、网络安全保障能力方面可能也有着不同的标准需要和预期。总体上，对高级领导干部的互联网规律把握能力要求较高，对中高级领导干部的信息化发展驾驭能力要求较高，对基层领导干部的网络舆论引导能力要求较高。因此，对于领导干部数字治理能力的测评和提升建设，需要针对不同级别的领导干部配置相应的指标体系和培训重点。

2. 评估指标的选择

评估指标的选择需要根据具体目标和应用场景来决定，总体来说，参考国内外相关数字素养与能力框架，以及公务员能力要求，并依据前一章设定的领导干部数字治理能力理论框架来选择评估指标。

首先，是确定评估对象应具备的数字治理能力构成。根据不同领域和级别的领导干部岗位特点，对领导干部数字治理能力的评估指标进行分类化考虑。考虑我国实际情况，领导干部数字治理能力理论框架针对不同目标群体，将领导干部数字治理能力在整体上分为基础性数字素养与能力、专业性数字素养与能力和领导性数字素养与能力。因而，根据评估对象不同，选取相对应的数字治理能力进行评估，例如，评估担负领导职责的干部的数字治理能力时，选取的能力指标构成主要包括信息和数据素养、沟通与协作能力、数字内容创造能力、数字安全能力、对互联网规律的把握能力、对网络舆论的引导能力、对信息化发展的驾驭能力、对网络安全的保障能力。

其次，是确定评估指标和数据采集项。评估要点和数据指标需要反映数字治理能力在意识、知识和技能各层次的具体表现，建立起数字素养与能力构成要素到评估数据采集的映射。例如，评估基础性数字素养与能力时，确定的评估要点如表4–1所示。

表 4–1　基础性数字素养与能力评估指标示例

<table>
<tr><th>一级指标</th><th>二级指标</th><th>三级指标</th><th>评估要点</th></tr>
<tr><td rowspan="13">基础性数字素养与能力</td><td rowspan="3">信息和数据素养</td><td>浏览、搜索和过滤数据、信息和数字内容</td><td>能够阐明信息需求，在数字环境中搜索数据、信息和数字内容，访问它们并在它们之间切换，创建和更新个人搜索策略</td></tr>
<tr><td>评价数据、信息和数字内容</td><td>分析、比较和评估数据、信息和数字内容来源的可信度和可靠性。对数据、信息和数字内容进行分析、解释和批判性评估</td></tr>
<tr><td>管理数据、信息和数字内容</td><td>在数字环境中组织、存储和检索数据、信息和数字内容。在结构化的环境中组织和处理它们</td></tr>
<tr><td rowspan="4">沟通与协作</td><td>通过数字技术互动</td><td>通过各种数字技术进行交互，并了解针对特定环境的适当数字通信手段</td></tr>
<tr><td>通过数字技术分享</td><td>通过适当的数字技术与他人共享数据、信息和数字内容。作为转发者时，了解怎样规范引用</td></tr>
<tr><td>通过数字技术合作</td><td>使用数字工具和技术进行协作，共同构建和创造数据、资源和知识</td></tr>
<tr><td>网络礼仪</td><td>在使用数字技术和在数字环境中互动时，了解行为规范和专业知识。了解并且适应特定受众的传播策略，意识到数字环境中文化和代际的多样性</td></tr>
<tr><td rowspan="3">数字内容创造</td><td>开发数字内容</td><td>创作和编辑不同格式的数字内容，通过数字手段表达内容</td></tr>
<tr><td>整合和重新阐述数字内容</td><td>修改、提炼和整合信息和内容，以创造新的、原创的内容和知识</td></tr>
<tr><td>版权和许可证</td><td>了解版权和许可证如何适用于数字信息和内容，对创作的数字内容申请版权保护</td></tr>
<tr><td rowspan="3">数字安全</td><td>设备保护</td><td>保护设备和数字内容，了解数字环境中的风险和威胁，保障安全、可靠性及隐私</td></tr>
<tr><td>个人数据和隐私保护</td><td>在数字环境中保护个人资料及隐私。了解如何使用和共享个人身份信息。了解使用数字服务时的隐私政策</td></tr>
<tr><td>保密</td><td>能够在数字环境中保护涉密信息，选择采用恰当的保密方式和手段</td></tr>
</table>

最后，是确定评估指标的权重分布，形成评估方案。按照分类分级的总体评估策略，需要根据评估对象的特点和能力要求，在充分的理论研究和专家研讨的基础上，确定评估指标的权重，形成具有针对

性的最终评估方案。举例来说，如果评估领导性数字素养与能力，按照省部级、厅局级、县处级和乡科级确定不同的层级划分，并根据数字治理能力建设成效和信息化发展趋势动态调整评价体系，分别设定不同层级领导干部数字治理能力的预期和要求，围绕对各级领导干部在对互联网规律的把握能力、对网络舆论的引导能力、对信息化发展的驾驭能力、对网络安全的保障能力方面的不同要求，提出相对应的能力评估方案，如表4–2所示。

表4–2　不同层级领导干部数字治理能力评估方案示例

省部级	厅局级	县处级	乡科级	评估考核指标	
评估权重				一级指标	二级指标
50%	40%	30%	20%	对互联网规律的把握能力	对数字化发展及其影响的把握
					对大数据发展规律的把握
					对新技术发展趋势和影响的预测和研判
10%	10%	20%	30%	对网络舆论的引导能力	运用网络了解民意
					舆情监控
					引导舆论和动员群众
30%	30%	30%	20%	对信息化发展的驾驭能力	谋划、推动和引导互联网发展
					数字化变革
					数字化战略决策能力
10%	20%	20%	30%	对网络安全的保障能力	网络安全管理体系
					网络安全法规政策体系
					数据安全保障体系

省部级领导干部数字治理能力预期重点是对互联网规律、信息化战略的整体把握能力。对互联网规律的把握能力、对网络舆论的引导能力、对信息化发展的驾驭能力、对网络安全的保障能力配置比例分别设置为5∶1∶3∶1。厅局级领导干部数字治理能力预期重点是对互联网规律、信息化发展的整体把握能力。对互联网规律的把握能力、对网络舆论的引导能力、对信息化发展的驾驭能力、对网络安全的保障能力配置比例

分别设置为4∶1∶3∶2。县处级领导干部数字治理能力预期重点是对互联网规律、信息化战略、信息化发展和网络安全工作的执行能力。对互联网规律的把握能力、对网络舆论的引导能力、对信息化发展的驾驭能力、对网络安全的保障能力配置比例分别设置为3∶2∶3∶2。乡科级领导干部数字治理能力预期重点是对网络基础设施、网络安全和网络舆论工作的领导和执行能力。对互联网规律的把握能力、对网络舆论的引导能力、对信息化发展的驾驭能力、对网络安全的保障能力配置比例分别设置为2∶3∶2∶3。

3.评估工具的使用

数字技术是重要的领导干部数字治理能力评估工具。使用数字技术进行形成性和总结性评估，加强评估格式和方法的多样性和适用性，包括使用数字评估工具监控教育学习培训过程，获取领导干部教育培训的进度信息；使用数字技术加强形成性评估策略，例如使用课堂反应系统、测验、游戏等；使用数字技术加强测试中的总结性评估，例如，通过基于计算机实施音频或视频的测试，使用模拟或特定学科的数字技术作为测试环境；使用数字技术来辅助完成不同年龄段领导干部教育培训的作业和评估；使用各种数字和非数字评估格式，并了解其优缺点；批判性地反思适当的数字评估方法和相应的适应策略。

自我评估工具是一种帮助专业人员进行自我评估的工具，即评估其在所有责任领域的绩效有效性，并确定需要进行哪些改进。通常以问卷形式使公务员和领导干部评估自己的数字素养与能力，然后以报告的形式提供反馈，确定优势领域和待优化领域。可使用量表型自我报告，一般使用量表来衡量“最低熟练程度”，这样的自我评估可以在一个受控的在线环境中，使用移动应用程序或网页程序进行，并且控制自我评估所需的时间。主要工具应扩展为类似于丹麦数字能力轮（the Danish digital competence wheel）的自愿性自我评估工具，并采用五级量表的形式进行自我报告。丹麦数字能力轮测试的持续时间不得超过10～15分钟，在评估结果中将给出如何在当地环境下提高数字素养的建议，例如通过课程和使用母语学习资源等。该测试在3种不同语言和3个不同国家的至少1000名受访者中进行了试点，以验证项目的可行性和可靠性，并且成立了由研究人员组成的国际指导小组，以评估和改进项目和程序的质量，包括评估的可靠性和有效性。

为了提高外部有效性，还可以通过单独的、额外的基于知识的在线测试（例如对开源PIX软件进行改编）来强化自我评估和报告工具。基于知识的测试项目应按照以证据为中心的评估设计（evidence-centered assessment design，ECD）方法组成，并准备好进行多维项目反应理论（multidimensional item response theory，MIRT）[①]分析，被评估者可以共享评估报告和相关微凭证（如Open Badges）。基于知识的测试工具的软件架构应该类似于PIX，将已建立的数据以处理的、匿名的形式上传到相应的数据库。软件和测试项可以参考Git Hub的年度版本控制。具体相关系统和工具要求包括：用户界面应该具有响应性，对智能手机和平板电脑等多种终端进行测试，项目和测试应该以IMS QTI 2.2等标准化格式出口，允许测试转移到相应的国家评估平台。需要特别注意的是，必须满足国家（和其他利益相关方）的隐私和数据保护标准，例如，实现评估测试数据在早期阶段是匿名的，没有对被评估者的私人信息进行存储。应用程序编程接口（API）是基于知识的测试工具与电子化工具组合的潜在扩展或集成，用于诊断迭代自我评估工具。

---

① UNESCO，Recommendations on Assessment Tools for Monitoring Digital Literacy within UNESCO's Digital Literacy Global Framework（2019）.

4. 评估方法的选择

评估形式和方法应尽量具有吸引力和激励性，通过各种评估形式来为领导干部数字治理能力的教育培训提供及时、个性化和有意义的反馈，以吸引和激励其进行相关能力的学习和提升。一是扩大过程评估的范围，使用数字技术来扩展教育培训过程中进行评估的范围和多样性，使其不仅能够评估知识，还能够评估数字技能和能力，从而能够及时根据评估结果对教育培训进行调整。二是使用在线测试方法，向教育培训人员、组织部门和学员提供即时甚至实时的反馈，还可以在测试安排方面提供更大的灵活性。三是促进自我评估和相互评估，鼓励在领导干部内部建立高度信任的评估环境，鼓励教师和学员定期寻求和提供评估反馈。进行有效和准确的自我评估和相互评估本身就是一种能力，体现了数字治理能力的教育培训对领导干部数字治理相关理论和实践进行的整合。四是鼓励并期望得到丰富、个性化和有意义的反馈，鼓励有关部门和教职人员利用数字技术的潜力，向参加教育培训的领导干部提供丰富、个性化和有意义的反馈，并以新的、更有效的方式记录和交流每个学员的学习和提升进度，如电子档案袋、自适应模拟和智能辅导系统等。

在自我评估方式中，主要是被评估者对自己的表现和能力作出现实判断。数字技术的发展使得个人能够随时随地学习，在进行领导干部数字治理能力评估时，在正式的教育培训之前的体验式和开放式学习也应该得到认可，这种在正式的教育培训环境之外进行的非正式和非正规学习可以在自我评估中得到认可和认证。自我评估的方式方法有很多优点，例如：能够提供及时有效的反馈，允许公务员和领导干部快速评估自己的数字素养与能力；提高反思实践和自我监控的能力；提高公务员和领导干部的学习动机和动力；允许公务员和领导干部了解数字素养与能力包含的主要内容并提供快速反馈；公务员和领导干部可以自我调节教育培训的内容和进度，从而帮助自己发展一系列可复用转移的个人技能，以满足未来工作的需要。

外部观测的评估方法则主要包括第三方评估和相互评估。第三方评估由专业的评估团队对领导干部的数字素养与能力进行全方位的客观评估，而相互评估是学员根据教育培训中的基准对彼此的能力或测试评分的过程。这种评估方法旨在提高学员对数字技术和数字素养的理解，并提高其元认知（对自己的感知、记忆、思维等认知活动本身的再感知、再记忆、再思维等）技能。相互评估可以授权学员负责和管理自己的教育培训过程；使其学会评估并发展终身评估技能；通过知识交流和思想交流促进学员间的相互学习和提升；激励学员更深入地参与教育培训课程和体系。

5.评估结果的应用

领导干部数字治理能力评估的结果可以应用于多个目的和场景，并进一步与领导干部的任用、交流、考核等相结合。例如，针对新入职干部，应用于考察其网信能力；对新提拔及交流任职干部，在上任前进行数字治理能力测评，对测评不合格的领导干部进行数字治理能力培训后再上岗。建立健全领导干部数字素养与能力考核机制，制定出台相应的政策和措施，将科学的领导干部数字素养与能力评价标准纳入领导干部选拔、晋升、考核的参考指标。然后，采取实际措施加大考核力度，以此激发领导干部带动组织和个人数字化学习和应用的激情，提高其驾驭和运用信息化手段进行沟通协调、科学决策和把握大局的能力。

同时，领导干部数字治理能力评估的结果可以应用于教育培训内容和课程设计。在教育培训之前的评估有助于了解领导干部的数字治理能力水平和主要问题，针对性地设计和提供课程学习；在教育培训过程中，对学习分析给予战略考虑，制定学习分析的实践守则，优化个人和团体的学习成果和组织绩效。在这个过程中，需要采用科学的实践和流程代码，以安全可靠地收集、验证、存储、聚合、分析和报告学员数据。通过评估分析学习培训过程中的不同方面，聚合数据，向学员提供实时个人反馈的分析（调整即时学习过程），以改进其未来的培训学习过程，指导开展补救干预；在教育培训之后，通过能力评估对培训学习进行分析，支撑完善质量管理和课程设计。对与学员个人进步和成就相关的数据在整体层面上进行汇总和分析，用来加强质量管理、课程设计审查以及完善课程干预措施，以提高课程质量和总体教育培训成果。

三、数字治理能力教育培训

建立健全领导干部数字治理能力培训机制是提升领导干部数字治理能力的首要途径。要加强领导干部数字素养与能力培训，紧跟信息技术的发展与运用，建设内容和课程体系，模拟大数据工作情境，让领导干部在培训中更多体验互联网思维和数字化技术应用带来的变化，全面提升其数字治理能力水平。

1. 创新教育培训方式

根据各级领导干部的教育培训需求，研发数字治理能力核心课程和扩展课程，并创新开展实训教学、案例教学与现场教学等。探索运用网上远程教育等新型学习形式开展干部培训。对课程进行重新设计或重新解释，以反映数字技术所带来的教学可能性。其中，数字技术的使用可能会提供相关培训学习过程中的大量数据，通过收集、分析和报告有关学员和学习情况的数据，可以持续性改善学习培训成果，并进一步用于课程计划的规划和决策。

重新构建基于主题的培训学习模式，创建更加综合的教育培训方法。各级党校（行政学院）组织通过适当的流程来构想和重新设计基于主题的学习，以适应更综合的、跨学科的数字治理发展趋势，并提供一致的以学员为中心的教育培训和学习评估方式。在数字技术的支持下，这种教育培训方法有助于选择、创建和组织针对某一特定主题的丰富的多模式内容，使学员能够从多个角度分析和理解复杂的数字治理问题。

同时，创新还可以体现在重新安排教育培训的时间和地点上。因为数字技术为无处不在的学习和更高级的时间管理提供了新的机会。灵活且量身定制的时间表可以为教师和学员提供更多参与有效学习的机会，包括在校园内外的个人和团体性活动。当前，在线教育培训方法也已经成为现实，领导干部数字治理能力的教育培训也应该致力于开发和提供完全在线的完整课程，为学员学习数字知识和技能提供更大的灵活性。但也不可忽略在真实环境中的学习培训。课程和课程设计的创新还应考虑利用数字技术的潜力，让教师和学员在真实的环境中参与教育培训，全面发展和应用自己的先验知识、探究能力和独立思考的能力。这样做，可以培养学员应对超越传统学科知识的挑战，要求学员展示和学习更多横向技能、关键能力，尤其是数字能力。

2. 建立课程体系

根据领导干部数字治理能力框架体系，针对当前各级领导干部在信息技术基础知识、网络强国和数字中国战略、互联网思维、融媒体应用、网络意识形态与舆论把控等方面存在的问题，在各级党校（行政学院）干部教育培训工作中，进一步优化领导干部数字治理能力提升课程的设置和教学。构建适应新时代建设网络强国、数字中国需要的领导干部数字治理能力提升课程体系，并根据课程体系编写系列教材。课程体系在内容、教学方法和学员参与等方面需要反复和迭代重新设计（或重新解释）。学员也可以作为课程的共同设计者或者作为自主学习者积极参与进来。同时要在组织层面对课程进行定期审查，目的是整合和有效利用数字技术来支持学习培训和教学，并且在不同的学习环境和课程中，对学员的数字治理能力进行鼓励、发展和评估，进而使学员的数字治理能力在整个课程中得到持续性提升。

3.强化技术教育

习近平总书记指出，核心技术是国之重器。① 领导干部必须了解数字技术的现状和发展趋势，并能评估如何利用数字技术来提升履职能力、改善公共服务。人们每年都会为数字空间带来一波新想法和新概念。从"智慧城市"到"政府即平台"，从"GPT-3"到"网状网络"，从"虚拟现实"到"元宇宙"，新工具和流行语从未停止过。有些创新具有巨大而持久的意义，其他创新相对而言则并不重要。政府对新技术的态度总是多变的，有时会被具有较高风险的新兴技术所具有的强大吸引力所诱惑，有时会以"安全"为由坚持使用早已过时的技术。在某种程度上来说，对技术的掌握和应用决定了政府数字化项目和数字化发展的成败，领导干部也越来越多地需要对他们任内作出的技术选择负责。因此，领导者并不能完全将如此重要的决定，委托给他们所依赖但无法完全理解具体情况的专家骨干。正确决定将数字技术运用于哪些项目和领域，是领导干部需要具备的一项重要数字治理技能。

---

① 中共中央党史和文献研究院：《习近平关于网络强国论述摘编》，中央文献出版社2021年版，第110页。

领导干部数字治理能力课程体系在技术方面的教育培训，将主要着眼于使领导干部能够使用适当的决策框架来规划技术选择，并作出正确的决策；能够批判性地评估和识别技术，以及其长期实现成本节约或可持续地解决长期存在的问题的能力；了解技术的生命周期，包括早期风险和长期维持成本；能够与技术专家面对面交谈，并具有一定的批判性理解能力。数字时代的领导干部需要了解新技术如何影响经济社会的高质量发展，如何推动或阻碍政府开放、协作和高效运行；认识到政府可以用新的数字方式体现开放理念，可以使用一系列技术和工具使国家治理变得更加开放、协作和负责。

然而，在对问题进行任何详细分析之前，还需评估数字技术运用可能存在的风险和威胁，例如：发生“数据衰减”（bit rot，指存储在存储介质上的数据的性能和完整性缓慢恶化），政府活动的旧数据意外丢失（而纸质记录的保存更加传统和稳定）；通过开放性意外泄露敏感数据的风险无处不在；非正式的协作系统，例如开源项目或钉钉办公、腾讯办公等，可能容易受到系统性偏见的影响或存在其他风险。选择使用（或不使用）哪些技术的决策情况只会随着时间的推移而增加。长期以来，领导干部一般将这些选择完全委托给下属专家，但这种领导干部自己对所委托的技术毫不了解的情况，可能会增加项目风险。因此，在提高领导干部数字治理能力时必须强调的是，关于技术知识应该有一个随时更新的“最低限度”，这个限度可能比以前的传统要求更高，但领导干部也不需要成为“技术专家”。

4. 培养以人民为中心的核心认识

数字化发展必须贯彻以人民为中心的发展思想，把增进人民福祉作为信息化发展的出发点和落脚点，让人民群众在数字化发展中有更多获得感、幸福感、安全感。这就要求公务员和领导干部能够重视服务用户的体验，并能与专家合作，了解群众的需求，然后设计、测试和采取有效的社会治理方案。

数字时代提供了大规模的廉价服务机会。然而，它也使公共组织与其利益相关者之间保持距离。在线服务的提供可能意味着群众和公务员可以不面对面交谈，从而限制了组织了解其服务对象的感受并调整其自身服务的能力。当服务或政策的设计和执行不当时，人们会感到不被尊重，甚至感到被歧视。例如在政府大楼里排了几个小时的队，却被告知改天再来；或者填写一份令人困惑的表格。这种经历除损害公民的尊严之外，还会使个人和社会付出切实的经济与社会代价。这些行政负担有的是有意造成的，但更多可能是由于受到文化、制度或政策高度限制无意中造成的。

领导干部数字治理能力教育培训在态度情感方面的核心思想是，领导干部必须重视作为公共政策服务主体的普通公众的感受，而不仅仅是关注政策实施的最终结果。传统的公共服务教育教导公务员通过完成基于结果的目标，如实现“80%的人就业”或“90%的人接种疫苗”，来衡量成功，而不重视作为这些政策服务对象的普通公众的感受，也不考虑执行政策的公务员的工作实际。

领导干部数字治理能力的教育培训必须强化为人民服务的立场，培养支撑这一立场所需的技能和能力。需要的关键课程内容是对政务服务设计的理解和数字技术的合理利用。具体地说，在领导干部数字治理能力的教育培训中，着重强化政策制定者成功规划数字化政务服务的能力，以满足群众在数字政府环境中的需求，包括从花时间了解和研究用户及其需求开始，掌握政务服务规划的各个阶段，然后采用合适的技术手段，实现迭代交付。数字时代的公共机构由于失去了现实世界的积极外部性，需要更加努力地向用户学习，满足人民的真正需求。目标是提高人民对公共政策或公共服务的体验和感受，使其能够对公众产生影响力或让公众有更多获得感、幸福感、安全感。

5. 重视数据驱动的决策能力培训

数据驱动的治理和决策能力可以从4个视角来加以理解。一是内部视角。这一视角强调数据对于政府内部运作的意义，认为数据可以改善政府的决策流程，优化政府的决策目标，提升政府决策的质量，明晰政府决策的效果，便利政府施政评估。二是外部视角。数据对于政府作为治理主体的“对外”施政行为具有重要影响，数据可以改善政府提供公共服务的水平和质量，大大便利政府履行监管职能，提高政府应对和处理社会危机和自然灾害的反应速度和敏感程度，尤其在全面深化改革的当下，可以推行“精准施政”和实施“精准激励”。三是交互视角。这一视角强调数据可以改变和改善政府与一般民众、社会组织和市场主体之间的互动，包括程序公开、规则公开、结果公示和信息发布等在内的政务公开，涉及网上办事、意见征询、网上投诉、网上评测、实时反馈等在内的在线政务，可以大大超越传统治理方式的阻碍、时滞和资源限制，极大地改变和改善政府与社会公众的相互关系。四是全球视角。这一视角强调，大数据不仅可以加强中国政府与外国政府、国际组织，尤其是外国普通公众的联系，而且可以参考和参照国际先进经验和做法，全面参与并主导数据发展的世界潮流。

在领导干部数字治理能力课程体系中，引导决策主体转变观念、与时俱进、积极应对是目前决策领域教学培训的首要工作。我国互联网行业的发展虽走在世界前列，但大数据决策的运用水平与发达国家相比有较大差距，主要是决策主体墨守成规的现象比较突出。在大数据视角下，人们面对的是呈现出混杂特征的全体数据，这些数据相互之间不再是简单的因果关系，而是多重混合交叉的相关关系。决策主体要摒弃“拍脑袋”或是有限样本抽样的抽象分析方法，改变政府决策的理念维度、决策方式和决策思路，从数据收集者转向数据分析者，从大数据关联性分析中预测社会需求，预判社会问题，探索政府决策的多元主体、实时分布式存储及价值关联特征，提升政府决策能力。

领导干部数字治理能力课程体系在数据方面的教育培训，将主要着眼于使领导干部能够了解如何使用数据为治理和决策提供信息，设计和运行相关服务，并在政府内外创造更多公共价值。通过相关的课程内容和教育培训，帮助领导干部以数据为重要依托，实现从经验决策向证据和事实决策转型，从事后分析向事前预测转型，从随意决策向确定性决策转型，从决策信息不对称走向决策信息对称，从决策粗放转向精细化决策。

事实上，公务员和领导干部所需的计算和数据能力类型在过去20年中发生了很大变化。上一代公务员认为数据主要是他们必须能够对其进行分析的东西，而这一代则将其视为强大的资源存量和资源流动，且伴随着巨大的技术、道德和法律问题。他们需要具备与技术架构、人力资源和战略相关的技能，而不仅仅是直接分析的能力。这意味着要调整公务员和领导干部的教学培训，以适应以下主要变化：精通数据的专家类型有所增加，包括网络分析专家和城市传感专家等；除了传统的官方统计领域，现代公务员还必须了解新的数据来源；与传统的官方数据相比，新的数据流往往更加庞大，但在质量方面存在问题。

关于数据科学、数据伦理、网络分析、人工智能及数据的新模块和教学呈爆炸式增长，这些课程跟上了技术和数据的发展并取得了长足的进步。鉴于当前公共事务中数字技能的种种优势，在领导干部数字治理能力课程体系中加强数据相关的教育培训内容至关重要。然而，真正的挑战在于如何确保公共服务领导干部能够在具体情况下部署各类数据和技术技能，作出正确选择。在建设领导干部数字治理能力课程体系时，考虑公务员和领导干部在当前数字时代需要掌握的主要能力，包括：区分需要数据科学家与统计学家或经济学家的问题类型；确定获取和清理数据需要哪些技能，以及这些技能何时必不可少；了解新数字系统的架构和治理如何使数据更易于使用、共享和维护；解释和缩小"政策数据"和"运营数据"之间的差距；预测并缓解与政府内部数据共享相关的问题。以上所有内容都会产生至关重要的安全、隐私和道德影响。最终，这种能力意味着公共服务领导者需要能够"真实地"使用数据，而不是"在实验室条件下"模拟数据利用。

6.加强数字领导力教学

现代数字政府建设面临的挑战之一是需要将非常多样化的专家技能与一些"小众"技能结合起来，以一种满足对速度、易用性和可访问性期望的方式构建最简单的服务，这是一项艰巨而复杂的任务，以至于在数字时代，没有领导干部能够具备所需的全部技能。例如，要建立和运行一个系统使人们能够在线登记失业补助，就需要建立和领导包含各种不同技能的专业人员的公共服务团队。这种包含法律、技术、设计、政策和管理技能的丰富组合的多学科团队一般不会在传统官僚机构中自然出现，这些不同的技能通常是相互隔离的。政府内部的"标准操作惯例"也通常会阻碍不同专家之间的密切合作。领导干部数字治理能力课程体系必须加强数字领导力教学，提升领导干部高效领导他人的能力，尤其需要加强以下3项技能的教学培训。

一是通过领导干部数字治理能力教育培训，使领导干部能够确定数字时代政府项目中需要哪些技能组合。面临现代政策问题的公务员必须能够认识到解决具体问题需要哪些技能，即使这些技能对大多数政府和公务员来说是接触较少的新技能。例如，为了进行用户研究，团队必须聘请训练有素的用户研究人员，领导干部数字治理能力教育培训则着重于使领导者了解这些人分别担任什么样的角色，并至少了解他们的工作是如何开展的以及创造了什么价值。在人员配备方面，除了用户研究人员外，法律、金融、政策制定、计算机编程、产品管理、数据科学和交互设计等各专业人才的合作，对于项目成功至关重要。

二是通过领导干部数字治理能力教育培训，使领导干部具备能够与不同类型的专家和通才一起工作的能力。管理多学科团队的领导干部只有认识到，不同的专家和通才需要不同的管理方法才能取得成功。此外，这些领导者必须明白，跨学科合作必须在横向和纵向上同步进行。值得注意的是，数字时代的领导者本身可能不是上述任何领域的专家——无论是新兴的还是传统的公共管理技能领域。对于领导干部来说，重要的是了解每个角色的最低能力限度，尤其是要知道如何评估担任专家角色的人是否成功履行职能，并能够整合所有人的贡献，为整个团队服务以支持其共同目标实现。

三是通过领导干部数字治理能力教育培训，使领导干部具备克服组织挑战的能力。团队技能的多样化可能带来组织内部阻碍团队顺利部署的挑战。数字时代多学科团队必不可少，领导干部通常会发现，他们所在的系统不愿意或无法允许创建和成功任用多学科的综合团队。他们通常必须克服的挑战包括：跨组织边界工作，尤其是预算边界；提高行政素养；对不熟悉的技能和工作模式的冷嘲热讽；严格的招聘、签约和晋升流程。因而，领导干部数字治理能力教育培训应着重培养领导干部克服这些问题所需开展谈判和建立联盟的技能。

7.完善数字化项目管理课程

传统来说，重要政府项目的首要步骤都在于构造一个涵盖所有细节的项目计划，准确详细地记录从项目实施开始，项目的每个部分将如何交付。这种方法对于用大量混凝土、钢材和水泥建造的项目至关重要——无论是道路、桥梁、学校还是医院。这些项目需要非常详细的前期规划，因为项目建设中的一个小的规划错误都可能导致生命损失。政府实施这类项目的时间周期一般都很长，以规划为中心的项目管理方法成为所有政府项目的正统。长期以来，这种做法非常奏效，取得了一些历史性成就。

然而，在过去的20年里，数字技术颠覆了前期规划基础存在的前提。20世纪90年代和21世纪初，公共部门信息化和技术项目频频失败，在财务和政治上付出了高昂的代价。尽管这些项目通常也是使用传统的规划实践进行管理，部署了非常详细的规划文档，表明了可以预见和处理的每个场景和边缘特殊情况，但这样的系统建造完成，带来的实际好处还是乏善可陈。项目进入使用过程还往往给用户带来痛苦，或者由于过于复杂以至于无法修改或修复，从而带来遗留IT的问题，导致数字化项目的升级改造甚至比新建一个项目还要困难。事实上，从某种层面上来说，那些巨大的旗舰项目——月球火箭、水坝和海底隧道——并不比一个人的养老金支付复杂。与政府的大型项目相比，数字化建设项目从根本上来说更不适合预先完美规划的解决方案。信息化项目相对来说更加适合进行敏捷项目管理这种灵活性的项目管理方式，即不尝试预先计划项目的所有细节，而是依靠快速构建经过真实用户测试的模型，经由用户反馈，然后修改计划。这一过程循环往复进行，项目往往会为用户提供更好的服务。

针对这种更为灵活的项目管理模式，领导干部数字治理能力教育培训必须完善原有的项目管理课程内容，使领导干部能够熟悉不同类型的项目所需的各类项目管理理念，能够识别不同项目管理方法的特点、优势和劣势，有能力为不同类型的项目选择合适的项目管理方法，能够解释为什么某些策略和服务如果快速迭代则更有可能成功，了解如何管理迭代工作文化。这并不是要求所有领导干部都成为项目管理技术细节方面的专家，只需要在课程内容设计中增加相关内容，使领导干部对这些方法足够熟悉，以确保他们的决策和管理实践不会破坏敏捷项目管理团队的工作模式。

大多数公共服务和领导干部的教育培训都是在教决策者如何在第一时间把事情做好。无论是经济预测还是公共财政规划等课程，其目标都是提升领导干部技能，使他们能够预测未来并通过解释政策任务的方式塑造未来。领导干部数字治理能力教育培训的目的不是完全否定以规划为中心的项目管理方法，而是扩展未来的公共服务领导者的工具包，使他们能够确定何时采用规划方式、何时采用及时迭代方式，并具备说服和支持团队采用适当方法的能力。

四、数字治理能力的人才支撑

数字时代对领导干部的素养与能力提出了新的要求，并且所有这些数字素养与能力都在持续且迅速更新变化，因而为领导干部数字治理能力建设提供人才支撑的重要内容就是需要支持和加强各级党校（行政学院）建设，提升教学者职业和专业发展，使他们的技能适应新时代对领导干部进行数字治理能力培训的能力需求。

1. 促进联网、分享和合作

数字时代的学习广泛依赖于内部和外部知识生态系统的多维交流，进行网络连接和共享。因而，建设领导干部数字治理能力必须提供必要的工具、基础设施和支持系统，以发展一种超越机构壁垒的联网学习文化，并促进数字学习环境蓬勃发展，让领导干部根据所需随时随地学习。

为领导干部提供网络协作、汇集专业知识和共享内容是常态要求。积极促进并期望领导干部参与网络、门户和基于专业或学科的实践社群，以促进教育内容的前瞻性、高质量和可访问性，以及关于在不同环境中部署数字学习技术的知识。通过这种参与，领导干部可以访问教育内容并为研究教育培训资料库以及更广泛的学习生态系统作出贡献。部署和使用数字技术和社交或专业媒体平台，确保与利益相关者和更广泛的学习团队进行沟通，补充其他沟通方式（如面对面沟通），实现各级党校（行政学院）内外安全有效的双向沟通。

支撑领导干部参与有效的团队合作和知识交流活动。在进行数字治理能力教育培训时广泛使用数字技术和社交或专业媒体平台，以实现有效的网络、互动和协作，并通过这种方式开拓视角，创造更具挑战性的学习环境。鼓励领导干部加入相关的社会或专业网络和兴趣或实践社群，与不同的人交流想法和兴趣。鼓励、促进并期望领导干部组织或参加知识交流活动（面对面、在线或线上线下相结合），以便与外部知识生态系统中的参与者交流学习经验。网络、协作和知识交流活动，包括通过在线平台进行的活动，被视为与专业相关的学习成果。各级党校（行政学院）拥有动态的数字存在（网站、社交网络等），定期更新，并被所有利益相关者用作支持和开放在线协作、分享、沟通和学习的枢纽，实现动态在线。

2.发展合作伙伴关系

各级党校（行政学院）应加强与外部知识生态系统及其利益相关者的合作，可以建立新的关系，扩展教育培训辐射面，并在发展专业知识和组织学习培训的机会方面产生和利用更多宝贵的资源。在这种情况下，各级党校（行政学院）与当地、区域、国家和国际合作伙伴建立关系并保持联系以实现协作工作以及资源与专业知识的共享，从而更充分地利用数字技术的潜力，满足数字治理能力教育培训的复杂性和多样性需求。

各级党校（行政学院）需要致力于通过与其他学习组织、私营机构和公共部门组织（包括技术或数字媒体部门的组织）以及更广泛的社会合作伙伴进行协作和知识交流，通过这些伙伴关系为领导干部数字治理能力教育培训进行知识和实践交流。基于目前企业的大数据技术等数字化技术发展更为迅速、硬件设施更为完备的现实状况，建立政企合作模式势在必行。鼓励并支持领导干部积极参与与外部组织的合作，和企业中的数字化技术人才进行专业的探讨和交流，通过使用数字工具和平台，酌情促进和维持合作关系。

在发展合作伙伴关系时，还需制定明确的交流合作方案。制定明确的沟通策略，为不同目的和目标群体确定并使用适当的沟通渠道或系统，包括网站社交媒体展示和学习平台。沟通战略以开放的沟通流程和经验分享为特征，以动态数字存在为基础。拥有由相关数字工具和平台支持的流程，用于将合作伙伴关系的利益相关方聚集在一起，建立协同效应；利用内部知识和资源，并通过跨职能和跨学科的结构和团队共享行动研究和有效实践，期望实现内部协作和知识交流。

3.培养提升教师的数字化职业能力

教育工作者作为领导干部数字治理能力学习培训的引导者，有必要具备相应的数字素养与能力，充分利用数字技术的潜力，加强数字化教学和学习，为课程中提升学员的数字治理能力做好充分的准备。在职业发展中，各级党校（行政学院）教育工作者的数字素养与能力，体现在他们不仅能利用数字技术加强教学，能通过数字技术进行教学互动，而且能够利用数字技术和数字资源，持续促进个人的职业能力提升和发展，实现不断自我提升。

数字化学习时代，提高教育者数字化教学能力，培植其数字素养，促进技术融入教学过程，是提升教育工作者教学与学习素养的基本路向。可从以下4方面助力提升教育者的数字素养和能力。第一，为教育者提供数字技术相关培训，包括理论课程和相关示范性课程培训，推广经认证的专业和职业发展机会，鼓励和支持教育工作者获得认可（认证）的发展机会，以提升教育工作者运用数字技术教学的实践能力，促进其教学、学习和评估角色的专业化。第二，组建数字技术教学团队，突破传统教学个人化现象，围绕数字技术分工协作，实现优势互补和资源共享。第三，构建公共教学平台。许多技术手段具有通用性，可复制性较强，可通过购买服务等方式，面向教育者提供平台性的技术支持。第四，为教师提供教学自主性空间，赋予教师数字技术使用及决策权，将技术手段有效渗透到教学的各个环节，提高学员的积极性和参与性。第五，定制化职业能力发展。致力于领导干部数字治理能力提升，根据个人和组织的需求，定制教育工作者专业发展路径，确定、设计和开发职业发展计划，以整合和有效使用数字技术和数字教学法，并将其置于与教学相关的愿景、使命和持续专业发展的更广泛背景中，促使教育工作者能力涉及数字学习技术和数字教育培训的各个方面。

面向领导干部的数字治理能力教育培训，还需加强教育者数字教育资源建设能力，使其能够适应资源多样性，有效选择并开发数字资源。教育工作者目前面对大量的数字教育资源，适应这种资源的多样性，有效地选择最适合课程学习目标、学习者群体和自我教学风格的资源是其需要培养的关键能力之一。教育工作者要能够在合适的教学资源与学科课程间建立联系，并在此基础上进行修改、添加，开发相应的数字资源支持教学。同时，教育工作者需要注意如何负责任地使用和管理数字资源，必须遵守版权规则，保护敏感内容和数据，这可概括为选择资源、创造和修改资源、管理共享和保护资源3个方面。教育工作者要根据具体的教学目标、教学情景、学习方法、学习者群体等因素，对数字资源和技术进行评估和选择；在教学准备活动中，教育工作者可对已有的数字资源进行修改，在利用可使用的数字资源的基础上开发新的数字教育资源；在教学过程中，教育工作者在向学员分享数字资源时，要做到遵守数字资源的版权规则，了解开放许可证的使用规则，同时对敏感的数字资源（如个人信息、学员成绩和作业等）进行保护。

4. 强化教学实践

数字素养与能力不是与生俱来的，也不是一朝一夕就能学会的，而是需要在不断的实践中形成和领会。领导干部必须在日常的办公自动化、信息搜集、网络问政平台运用、电子政务系统使用、信息化发展决策等实践中提高自身的素养与能力，通过工作实践强化数字治理能力。与之相对应，建设领导干部数字治理能力也需要在教育培训中强化机构和教师的教学实践能力。

在相关研究的基础上，授权并引导教育工作者和学员采用数字学习技术实现有效和创新的教学实践，并将这些实践用于不同的学习环境（组织内部和外部）和各种目的（正式和非正式）。促进具有灵活性、适应性强、参与性强的技术支持学习和教学实践的多样性（例如，在现实模拟中进行实践学习）。教师和学员是实践教学中的合作伙伴，鼓励和激励他们采取措施，探索新的方法，积极促进数字学习技术的整合和有效使用，以获得更全面的学习成果。教育培训和学习可以融入数字技术进行重新设计，以提升创造力。鼓励教师和学员通过使用数字技术来激发创造力和创造性表达，探索和丰富他们的创造性实践。

通过教学实践，教师和学员都具备实用性的数字化能力，基于适当的教育培训流程，确保教师和学员有信心、有能力将数字技术融入他们的日常实践，并能够选择（或访问）最适合他们需求和教育期望的设备、软件、应用程序、数字内容和在线服务。同时，在教学实践中，数字治理中的社交和情感技能得到发展，促进教师和学员发展社交和情感技能（理解和管理情感、设定和实现积极目标、感受和表达对他人的共情、掌控舆论导向、建立和维护积极的关系以及作出负责任的决策等所需的技能），并验证如何在数字和在线环境中，以及在线上线下融合的环境中应用诸多数字治理技能。

五、数字基础设施建设

数字基础设施能够扩展学习空间（物理和虚拟）的边界，在支持和促进数字治理能力提升的创新实践方面具有关键作用，增强了领导干部数字治理能力教育培训的开放性和灵活性。通过对整个组织虚拟和实体学习空间的创新设计、调整和重组，对数字基础设施进行前瞻性的规划和规范性的管理，建设可靠、安全和可扩展的数字资源，从而进行领导干部数字治理能力教育培训现代化实践，实现更全面的数字素养与能力提升。

1. 物理和虚拟学习空间

物理和虚拟学习空间的设计方式可以传递关于教学范式的隐性信息，也可以塑造和影响发生的教学和学习实践。因此，在提高领导干部数字治理能力时，必须确保对学习空间的设计和建造给予应有的重视，使其效用与预期的教学活动相一致。

良好的物理学习空间能够优化数字时代的教育培训和学习。设计、重新安排和提供物理学习空间，以利用和优化数字学习技术的功能，使人们能够在学习环境中灵活配置各种相关的数字工具、内容和服务。比如，建立全国网络安全和信息化发展现场教学基地，依托党校（行政学院）教学体系及合作资源，建立教学体系并设立若干现场教学基地，开展实训教学等。

依托领导干部培训基地进行集中培训。在数字时代，要想进一步提高领导干部的数字素养与能力，就要进行有计划性、有针对性的培训工作，提高其数字化各方面的意识、知识和技能，让领导干部明确数字化对于工作质量、工作效益的提高和国家发展所起到的作用。在现有的高校参与、党校（行政学院）为培训主渠道的干部培训多元格局下，同时充分发挥培训单位的各自优势，加强对领导干部数字治理能力的培养。例如，要对领导干部进行计算机基础、办公软件应用等课程的培训，可以选择在软硬件设施相对较好的高校和培训基地进行。通过开展有计划、有针对性的培训，逐步更新领导干部中传统的观念，让其树立终身数字学习的意识，激发领导干部在数字化管理、服务和发展等方面的创造性思维。

优化的虚拟学习空间，打造“网络干部学院”实现终身学习。以短期培训形式参加党校（行政学院）和高校的数字治理能力培训，往往受到师资水平、培训时间、办班地点的限制，也难以解决工作和学习之间的矛盾，远远不能满足现代信息技术发展对领导干部工作和履职提出的新要求。干部教育管理机构要充分利用现代信息技术打造“网络干部学院”，为领导干部教育拓展出一个崭新的终身学习环境。着手探索新型数字化技术对干部培训资源建设、教学方式变化的影响，研究培训信息化的“云”机制，优化领导干部数字治理能力的课程教学。虚拟学习空间（例如VLEs和学习平台）的设计（或定制）能够充分反映预期的教学模式，并提供更多学员的经验，补充在面对面的教学环境中的不足经验。对虚拟学习空间也可以进行针对性更强的设计（或定制），以优化可用性、可访问性和用户体验。

2. 数字基础设施的规划和管理

领导干部数字治理能力建设相关的组织机构需要具备必要的知识和程序，以确保有效识别、选择，进而在全国范围内部署一系列适合其规模和需要的数字学习技术和数字基础设施。对于领导干部数字治理能力建设来说，面向服务必须无缝操作。要做到这一点，核心的ICT主干网和服务（例如网络、门户、Wi-Fi、云等）必须无处不在。同时，还需要制定可接受、可持续的使用策略。领导干部使用数字化科技、内容、平台及服务，均需要接受正式通过的使用政策规范，并且需要将数字设施的管理规则清楚地传达给所有使用者。

数字基础设施有效规划和管理将应用一系列数字学习技术等来支持随时随地学习。一系列数字学习技术、工具、应用程序、内容和服务等适当措施，可以确保领导干部可以随时随地访问教育培训课程（例如，在正式和非正式环境中，或进行一对一部署）。教育和技术专业知识等方面的专家可以为数字技术投资和数字基础设施建设管理提供参考，以支持有关技术、资源和服务投资的规划和决策。

在数字基础设施规划时需要注意一些重要事项。一是解决不平等和数字包容性相关的风险。随着数字设备和连接性的激增，对数字素养与能力弱势学员的不平等可能存在加剧的风险，需要采取特殊措施确保满足这些学员的需求。二是数字化辅助技术满足特殊需求。全面使用的辅助技术和适当的数字内容需要满足学员的额外或差异化学习的特殊需求。三是显著显示技术和用户支持。在数字基础设施中规划并集成技术和用户支持，以确保可靠的性能、维护和互操作性，并为学员和教育工作者提供无缝访问他们所需的数字技术、内容和服务的条件。四是尽量支持自带设备。领导干部可以使用自己的设备，并可以将这些设备连接到教育培训时统一提供的数字基础设施和服务上，并且提供策略定义自己设备使用的参数。五是明确保护隐私、保密和安全的措施。制定适当的政策、程序和安全保障措施，以确保个人隐私、机密性的保护以及数字学习技术和数据的安全使用。其中包括与数据保护和许可证相关的法律义务、学习分析政策以及针对领导干部的在线环境隐私、保密和安全的标准指南等。六是制定有效的采购规划。采购规划需要考虑到一般需求和专业需求（例如专业软件或专业高端工作站等），并作出适当的规定，包括通过桌面虚拟化实现更多的灵活性。还可以采用全寿命成本计算模型为网络、设备和软件的采购决策提供信息。七是制订核心ICT主干网和服务的运营计划。应该制订可行的运营计划，用于采购、维护互操作性和核心ICT骨干和服务的安全性，以满足领导干部数字治理能力教育培训的规模和需求。

3.数字资源建设

数字资源建设重在强调教育工作者目前拥有多少可以用于教学的数字化教育资源。加强教育工作者数字教育资源建设对提升领导干部数字治理能力教学培训质量大有裨益。数字教育资源具有共享特性，其建设呈现出“多元、共创、共享、服务”的生态化发展趋势。数字教育资源生态系统以教育工作者和学习者的需求为导向、以数字化教育环境为依托、以数字教育资源的循环为脉络。为实现数字教育资源生态化建设，首先，必须运用生态学的系统观、平衡观和整体观来考察资源的建设、应用和服务问题。其次，需要领导干部数字治理能力教育培训系统内多部门协同推进，建立涵盖教育管理部门、科研院校、企业和学校等多方参与、协作共赢的管理与运行模式，形成数字教育资源优势互补、共建共享、风险共担的良性循环。最后，需要构建数字教育资源应用共同体，通过培训、研讨会、讲座等形式增强行业内的交流，激发教育工作者创建数字教育资源的动机，从而支持数字化教育资源的多元建设。

数字内容和教育资源开放可以在一定范围内得到广泛推广和使用。根据组织机构的自主程度，对领导干部数字治理能力建设的课程进行审查或解释，并定期更新，以利用数字学习技术和数字内容的潜力，实现教学、学习和评估实践的现代化，并扩展学习成果的应用范围。领导干部作为学员，也是数字治理能力建设课程内容的创造者。需要进一步鼓励并支持领导干部成为特定学科和跨课程数字内容的创造者和消费者，并将其用于正式和非正式的课程领域。

在进行数字资源建设时，需要关注这些方面的内容：一是尊重知识产权和版权。需要制定相应的政策和程序，以确保利益相关者在寻找、使用、重新混合或创建数字内容时充分了解有关数字资产和版权规则的信息。二是数字工具和内容按要求获得许可。对从出版商（提供商）处获取的内容（如电子书、电子期刊等）、软件、应用程序、平台和其他教育资源的许可证制定了获取的政策和程序。三是内容存储库得到广泛而有效的使用，保证领导干部能够熟练地识别和使用与其学习计划相关的内容存储库，并通过参与式注释和评论丰富内容库的价值。四是推广和利用开放教育资源。积极促进开放教育资源和知识共享许可的使用、重新组合和创建，以支持现代化课程，并为领导干部提供发展知识和技能的机会，实现学习成果的全面共享和价值挖掘。

第五章 领导干部数字治理能力提升

领导干部可以在实际工作中通过创造数字化环境、推动业务与组织变革和注重个人数字素养等方面提升自身的数字治理能力，推进路径如图5–1所示。

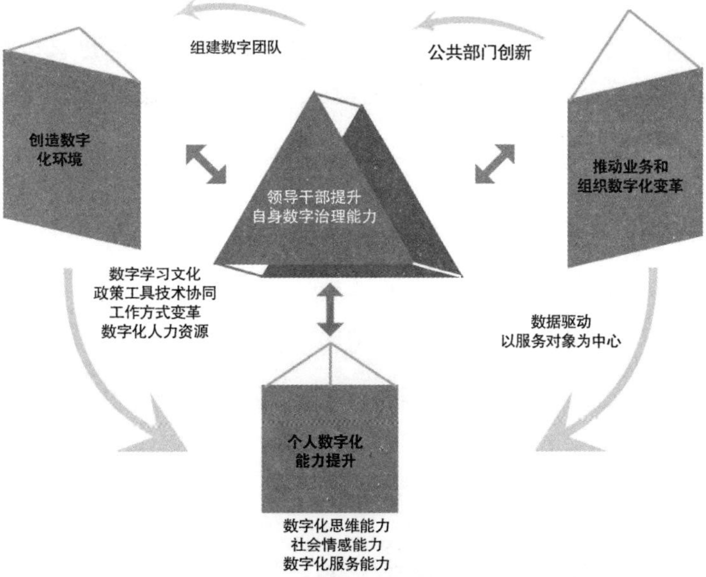

图5–1 领导干部提升数字治理能力的路径

创造一个促进技能和人才发展以鼓励数字化转型的环境，对所领导的公共部门从构建数字学习文化、支持政策工具技术协同、促进工作方式创新、创建数字化人力资源等方面引领部门数字文化的变革具有基础性意义，从而为公众提供更好的公共服务。推动业务和组织的数字化变革重在适应数据驱动的环境，形成以服务对象为中心的公共部门创新体系，逐步组建一支高效能的数字团队，进一步促进数字化环境的整体提升。在创建数字化环境和推动业务与组织数字化变革的过程中，领导干部的数字化思维能力、数字社会情感能力和数字化服务能力得到不断的深化和拓展，达到不断提升自身数字治理能力的目的。

一、创造数字化环境

领导干部要提升数字治理能力需从运作环境入手，逐步构建数字学习文化、支持政策工具技术协同、适应工作方式变革、创建数字化人力资源。领导干部要重新设想一种围绕主体业务活动灵活变通的工作场景，为应对未来的不断发展做好准备，并为日益注重数字化的员工创造条件，让他们感受到足够的安全感，以保障数字化工作的效率和质量。领导干部增强对数字时代技术迭代和信息快速反馈双循环重要性的理解，从而创造一个能够不断学习和改进结果的数字化工作环境。

1. 构建数字学习文化

鉴于数字技术的快速发展，领导干部对数字技能的掌握程度需要随着时代的发展和时间的推移而逐渐熟练，以便充分应对各方面可能的风险和挑战。这意味着努力创造能够鼓励员工不断学习和成长的环境至关重要。领导干部作为数字化建设的领导者，其责任之一即是鼓励建立这样的环境，支持组织群体数字学习活动，从而营造提升领导干部队伍数字治理能力的良好文化氛围。

一是提升学习意识，增强自律能力，以自由轻松的心态促进自身良性发展。一方面，领导干部应具有与时俱进、开拓创新的时代精神和使命感，应树立学习数字知识、提升数字素养与技能的集体意识，对数字知识和技能的学习一刻也不能放松，需紧跟时代发展的步伐不掉队。另一方面，全面构建终身教育体系，努力营造人人学、时时学、处处学的终身学习氛围。重要岗位领导干部要努力做好模范带头作用，严格要求自己，做到自主自律学习，不能时时靠监督、处处靠管理，把数字知识的被动接收变为主动汲取，形成领导干部群体的合力，弥补“木桶效应”带来的短板。此外，形成良性学习、灵活变通、持续发展的学习机制，保持领导干部队伍学习积极性和自由轻松的心态，促进高效学习。

二是制定激励机制，逐级落实推进，以积极探索的态度传播数字学习心态。一方面，建立一种鼓励并具有安全感的学习文化环境，鼓励学习过程中的有益探索，允许大胆尝试实践。领导者能够接受员工花时间学习和分享并具有承担相应风险的勇气，努力创造信任的氛围，建立数字学习和治理能力提升的心理安全保障。另一方面，分级分类鼓励数字化创新，紧密结合业务职能建立奖励体系，促进学以致用、用以致效，将数字学习成果和实践经验学起来、用起来，加快领导干部整体数字治理能力提升效率。此外，建立标杆性学习成果和实践经验的推广和传播渠道，端正态度、积极探索，为不同层级领导干部的实际工作提供正确的引导和方向，为学习、实践、交流各方面提供正能量支撑。

三是创造赋权环境，培育文化共识，以严谨科学的方式保持学习文化生命力。一方面，实现成功的数字化转型需要创造一个赋权的环境，这可以通过承认和赞赏员工所做的工作和他们对组织的贡献来实现，也可以通过鼓励培养创新探索的勇气、思维和能力来实现。领导者有责任创造一个适当放权的工作环境，关注从数字学习到实践，再到从迭代和失败中学习的过程，促进“理论联系实际”“学习再学习”的螺旋上升式学习方式的形成，使其成为组织文化的一个重要组成部分。另一方面，鼓励团队培训新技能，学会应用经验中的知识，提升学习的理论高度、增加学习的思维深度、拓宽学习的应用广度。培育权益上的文化共识，使所有团队成员感到拥有发表意见和被倾听的权利和机会。领导者需要注重包容性，促进实现组织文化民主化，让每个人都有学习、时间、交流等方面的平等机会。此外，承认终身学习的重要性，在学习的漫长过程中为个人提供采取他们探索产生的新方法的途径，同时，其他人可以学习这些方法，并提供反馈意见，实现方法的实时改进，不断提升每个人的学习能力、实操能力和业务水平，从而保持文化的鲜活生命力。

四是加强交流共享，畅通内部合作，以快捷高效的渠道拓宽学习经验影响面。一方面，拓展学习、实践和分享的支持方式，创新多种方式、多个维度的资源、经验和成果的交流共享，包括培训指导、实践经验交流社区、座谈会、总结报告性质讲座等形式，跨越组织结构打破业务、项目最小化的孤岛，扩大有益的影响，减少不同层级和部门之间带来的差异。另一方面，创造指导和反向指导、互相学习、合作交流、社群共享的交流模式，实现知识和经验的双向流动和圈内循环，支持团队学习和团队间的交流，允许单位内部的自治和合作，也允许单位外部的合作沟通，通过团队深入讨论一个话题或应对某个挑战，寻求业务服务方面的解决方案，促进更好更科学的组织决策，提升数字治理能力和实施成效。

总之，领导干部需要了解如何管理和迭代数字化的工作文化，这意味着要创造一个有利于心理安全、尊重证据、鼓励产出不同观点和方法的环境，基于数字文化共识、激励机制和交流共享方式，更好地管理和丰富工作文化，从而为领导干部数字治理能力的提升创造基础保障。

2. 支持政策工具技术协同

数字治理体现了数字要素和治理要素的融合，运用云计算、区块链等技术实现数据的归类、计算和阐释，并进入政府决策流程，推动技术赋能和治理效能的双重优化。立足多元共治的协同治理格局，通过政府主导、企业协同的方式，营造领导干部数字学习和治理能力提升的良好环境，牢牢把握发挥必要的政策、工具、技术等各方面的作用，整合多种资源，通过不同工作方式的全面支撑，使组织变得更加灵活，更好地满足组织对数字化人才的迫切需求。这样的工作环境对于以服务对象为中心的数字治理服务体系至关重要，利于实现高质量公共服务日益增长的目标追求，激发全社会创新活力。

一是完善政策保障，提供政府决策制定框架性准则。创造良好的数字化环境需要有力的政策支撑，既需要发挥组织结构的优势，也需要发挥各方面形成的社会合力。首先，始终坚持党的领导不动摇。牢固树立党的领导理念是对领导干部的根本政治要求，广大领导干部应自觉贯彻执行党的路线方针政策，不断加强组织和队伍建设。其次，建立形成经济、社会、法律等领域的政策体系，促成社会治理和发展的内循环和自闭环模式，做到有规可循、有法可依、有据可查。再次，政策制定和执行要服务于社会治理的决策过程，数字工具和技术配合政策提高决策的科学性和合理性，提高事件处置的精准度。最后，决策结果反哺政策制定，取得的社会效益要用数据说话，通过数据采集和分析，支撑政策的不断完善和有效发布，从而形成政府决策制定的完整框架和根本准则。

二是运用工具技术，加强政府业务服务开放性协作。当今时代，数字技术成为推动社会经济全面发展的重要工具，以及社会治理需要的规制型工具、激励型工具、参与型工具和文化信息型工具四大类工具。[①] 每一大类工具所包含的若干子工具协调配合，有利于加强政府业务侧的开放协作，提高治理效率。首先，数字工具和技术辅助有效沟通、提升引导能力。工具技术协同为沟通提供了更便捷的方式和渠道，使领导干部更全面地倾听和整合信息，赢得舆论引导主动权，及时回应社会和舆论密切关注的问题，充分调动和发挥各级干部的引领力。其次，数字工具和技术支持有序组织、保障方案落实。工具技术协同利于组织有序高效管理，使各级别、各专业的领导干部借助数字工具和技术在监管分析、问题溯源、应急处置、资源调配等方面步步为营、精准决策。促进业务服务更加透明，监管更加有效，使数字治理过程科学合理，推进社会治理方案平稳落地，维护社会大局稳定。最后，数字工具和技术助力果敢决断、实现精准施策。习近平总书记强调："对突发事件要临危不惧、沉着冷静、敢于负责，关键时刻要亲临现场、靠前指挥、果断处置。"[②]数字技术和工具协同使领导干部面对突发情况能够敢作决断、做对决断、做好决断，尤其是数据分析结果的支撑使领导干部真正变得"有勇有谋"。

三是评估机会风险，增进工具技术应用实践性成果。随着时代的发展和时间的推移，关键业务关于使用或不适用哪些技术的选择现象会相对增加。因此，领导干部应充分了解数字技术在当前和未来可能不断延伸出的可供性，并能够评估如何利用这些技术改善公共服务成果。需要具备使用适当的决策框架来规划技术选择并作出正确决策的能力，在对某个问题进行任何详细分析之前，洞悉某一特定技术是否能够解决某个特定问题，并勇于承担相应的技术风险。应能够批判性地评估和识别技术能否降本增效，以及能否可持续地解决长期存在的问题的机会。领导

① 周超、毛胜根：《社会治理工具的分类与型构——基于社会治理靶向和行动逻辑的分析》，《社会科学》2020年第10期。

② 《习近平谈治国理政》第2卷，外文出版社2017年版，第147页。

干部应充分了解技术的生命周期，包括技术应用本身存在的早期风险和长期维持成本，避免因职业限制造成的机会成本。这并不是说领导干部要成为技术专家，而是努力做到在特定业务服务方面运用适当的技术和工具，避免简单地追求更高级、更复杂的技术路线，增进工具和技术应用的实际效用。

四是调动各方力量，促进社会治理主体多元化转变。习近平总书记强调，要加强政企合作、多方参与，加快公共服务领域数据集中和共享，推进同企业积累的社会数据进行平台对接，形成社会治理强大合力。[①]基于此，充分调动社会各方面的积极性，利用和发挥好各单位在各自领域的优势，促进社会治理参与主体由一元化向多元化转变。首先，加强顶层设计，做好数字治理的统筹与规划，统筹发展方向，正确引导政企合作模式形成。其次，充分考虑各主体的权益，兼顾公平，尊重各利益方的知情权和话语权。同时，鼓励企业承担社会责任和遵守道德规范，合法合规地利用被服务对象的数据，保护其隐私。再次，加强各主体间的沟通与交流，促进各主体的信息互通，避免造成信息碎片化，提高对问题预判的准确度以及决策的科学性。最后，整合相关工具和技术，充分发挥企业在社会治理中的关键作用，使工具和技术的使用有所凭借和支撑。

五是识别协同模式，实现政策工具技术最优化配置。在数字时代的政务服务和社会治理过程中，领导干部需要具备识别某业务、某事件、某过程需要哪些政策、工具、技术的能力，需要以不同的方式进行关键要素的管理，发挥不同类型专家的作用并搞好合作，克服阻碍团队建设和部署的风险和障碍，为实现团队配置的多样化提供足够的支持。首先，面对现代政策问题的公务员必须能够认识到解决这些问题需要哪些技能，

① 《审时度势精心谋划超前布局力争主动 实施国家大数据战略加快建设数字中国》，《人民日报》2017年12月10日。

即使这些技能对大多数公务员来说都是新的，甚至是不容易被第一时间接受的。明确这一点，领导干部才能了解团队中需要哪些人，明确自己要承担什么样的角色，该项工作由哪几部分组成，以及每个人和每个环节应该创造什么样的价值、达到什么样的效果。其次，领导干部要综合运用和关注法律、金融、政策制定、计算机编程、产品管理、数据科学和交互设计等技能对相关业务的重要作用，因人而异、因地制宜地系统管理团队中的不同专家，尤其是在跨学科合作中需要横向和纵向的多维度了解和监督，尽可能规避失败的风险。最后，领导干部需要摆正心态，领导干部本身可能不是新技术的专家，往往掌握的是公共管理通用的技能，但是要善于洞悉事态发展脉络和趋势，调动和管理专家力量，尤其是跨组织协作。要善于及时调整团队构成，纠正协同合作过程中因对技术工具和工作模式不熟悉而引发的问题，不断提升整体的行政素养。

总之，领导干部要懂得如何协同政策工具技术，这意味着建立管理规范、保障全面、允许多元共治的环境，通过政策框架、评估风险和融合开放等方式，更好地促进和保持数字化环境健康可持续发展，从而使领导干部从事数字治理工作更科学、更优质、更高效。

3.适应工作方式变革

数字时代鲜明的数字化特性推动政府数字治理领域工作方式的变革，聚焦领导干部数字治理能力提升，不仅体现在政府数据治理方面的变化，也不只是简单地将政府职能与数据要素两者叠加，而是应当将数据治理理念嵌入政府治理工作中，在提升政府数据治理效率的同时，逐渐塑造以政府为主导、以公民为中心、社会力量广泛参与的多元化、多维度治理格局。处理好人与人、人与工作、部门与部门间工作方式的变化，建立优化业务工作流程和模式，不断提升公共服务和社会治理等数字化、智能化水平。

一是人、事、物间的交互模式变革。目前，随着数字政府、数字经济、数字社会的数字化改革的逐渐深入，各地紧密围绕“云、网、端”的基础设计理念，加快构建泛在连接、高效协同、全域感知、智能融合、安全可信的数字基础设施体系，为全面系统的数字变革创新提供重要支撑。基于数字基础设施的建设，人与人、人与事，以及人们所使用的工具都发生了相应的变化，数字技术加速网上办公、移动办公模式的普遍应用，使人与人之间的沟通更加方便快捷，进而带来合作模式的转变。近几年，远程办公的新方式开始普及，人们传递信息和数据交换已逐渐向云网侧靠拢，影响着数字监管和治理方式的变革。首先，数据监控实现治理闭环。数字技术覆盖疫情管控、垃圾堆放、违规停车、消防报警、河道监测等多个领域，融合人脸识别技术，基于数据汇聚和分析将个人信息记录在案，并能够及时预警违规行为。其次，人机交互实现联防共治。充分运用电子设备，让摄像头“站岗放哨”来减轻人力成本，结合数据管理和分析一体化平台实现人口管理、社会治安、数据可视化分析等功能，并充分利用数据分析结果科学研判，确保社会安全和治理无死角。数字技术与社会治理深度融合，形成更智能、更先进、更敏锐的一张大网，让人民的生活更有安全感。最后，数据画像助力社会治理。将新兴的数字仿真、孪生建模技术的有益成果吸收到数字治理过程中，逐渐形成智慧城市、智慧工厂、智慧乡村的数据生态画像，将社会建设与治理相关的公安、卫健、水务、绿化等部门的动态数据资源进行延伸赋能，增强政务服务和监管执法效能。

二是部门间业务逻辑关系改变。在不同部门对数字时代信息技术需求的引导下，针对部门间、层级间的协同难题，工作进度不协调、工作责任不清晰、工作结果无反馈的现象得以缓解，甚至得到一定程度地解决，通过可量化、可操作的数据指标助推部门间形成数字化合作的新型业务逻辑。首先，各类数据资源被整合在一起，构建起跨部门、跨行业协同合作与治理新模式。充分利用数字资源，不断提高数据挖掘能力，借助数字技术优化监管工具和渠道，及时掌握社会动态以快速破解政府治理工作中的难点与痛点，使政府在社会治理工作中更加具有主动性，决策更加具有科学性和精准性。其次，数据管理层面更加规范严格。政府和相关单位根据数据的重要性和使用频率变化，对数字资源进行分级存储和严格授权，在业务侧确保数字治理过程的经济性与合理性，保障业务正常运转。再次，数字化应用成效显著。除了打通上级、同级、下级部门的数据传输通道外，还相继制定技术应用的相关标准规范，实现政府、企业、组织、公民等多主体之间的数据联通和业务协同。尤其是在数字城市建设方面，我国沿海地区通过利用网络技术、卫星图像分析、3S技术、宽带卫星通信技术、工程测量技术、地理信息系统等数字技术搭建城市信息管理系统，整合各社会面的相关信息，通过信息整合、分析和利用，详细掌握管理对象、合理划分管理空间、再造管理流程，为公众提供更广泛服务，大大提高了城市治理效率和水平，提升了百姓的获得感、幸福感、安全感。最后，以公共利益最大化为目标，社会治理各参与主体的职责和义务逐渐明确，各部门间的数据关系和互操作流程得以细化和分级，形成数字化治理的新模式，保障数字治理工作真正得以落实。

三是公共服务供给方式变化。供给主体从单一到多元，数据共享的技术使各级政府间、不同部门间与政府企业间数据融合、业务协同成为可能，形成了三个主体结构上互动、功能上互补、机制上互联的机制。供给动因从管理到服务，数字政府以服务型政府作为目标，从公民本位的理念出发，按照公民的意志承担服务责任，以数字技术作为支撑，形成整体化集约化的治理模式。[①] 供给内容从粗放到精细，以往的公共服务模式无法照顾到每个群体的利益，只能向公众提供粗放的公共服务。而通过数字平台建设，实现了向不同服务对象提供个性化服务。供给方式从分散到协同，数字政府采取协同治理的手段，打造了整体开放的服务和治理模式，从技术上改变了以往部门分割、业务不通、资源分散的局面，减少了数据的损耗，实现了数据融合、业务协同和资源整合。[②] 供给绩效从封闭到开放，原本的公共服务绩效评估过程封闭，公众难以参与，数字政府的建设为公共服务的供给体系提供了一个渠道开放、指标多元的反馈评估和监管机制，极大地提升了政府决策的科学性和合理性，政府也能够根据公众对服务的满意度和需求不断改进、调整服务方式和服务内容，达到为公众提供更高质量的服务的目的。

总之，领导干部要紧跟时代发展的步伐，立足社会治理的新形势、新任务，坚持问题导向、系统思维，全面深入推进数字治理工作方式变革，加快构建一体化智能治理体系，逐步实现从人海战术向智慧治理的转变。加快构建精细化的公共服务体系，有效解决群众的燃眉之急。同时，全面增强决策能力和社会治理现代化水平，能够对紧急事件快速响应、进行科学处置，为数字中国建设增添活力。

4. 创建数字化人力资源

数字化时代的到来，改写了人力资源的创建规则，人力资源数字化管理基于人事信息系统、ERP系统、云系统发展起来，融入人工智能、机器人、自动化，以及人力资源云等数字技术，侧重点逐渐向人力资源部门自身变革、智能化员工服务和数字化人才管理等方面倾斜。

---

① 吴克昌、闫心瑶：《数字治理驱动与公共服务供给模式变革——基于广东省的实践》，《电子政务》2020年第1期。

② 米加宁、贾妍、邱枫：《"互联网+"时代的公共管理学科》，《中国行政管理》2016年第5期。

一是人力资源部门自身进行变革。在数字治理能力提升的过程中，人力资源部门需要重新定义自己的角色，组建协助管理层和员工快速转型并能够适应数字化思维模式的团队，熟悉网络化组织架构，善于发挥网络分析能力和数字化引领作用，通过升级优化学习、招聘和绩效管理方面的核心技术和系统，构建新型人力资源组织模式。领导干部需重新定位人力资源运营管理的价值，从构建与战略相匹配的人才供应链、提供强体验员工服务等角度，运用数字化技术和数字化运营的思维，打造端到端的闭环人力资源运营流程，实现数字化运营和人力资源管理的流程化、自动化。首先，人力资源部门需要开始进一步重视数据价值和数据分析的关键性作用，理解数据带来的实际价值。构建衡量员工工作过程全生命周期的指标体系，例如选拔、学习、发展、员工敬业度等方面，并从这些数据中得出有指导性价值的结论，支撑招聘和培养过程的与时俱进。其次，以数据驱动招聘流程，提供个性化、智能化入职程序和自动化、人性化的工作程序，促进领导者和入职员工更快接受和习惯新的数字化招聘和工作方式。第三，建立开放型可视化数据平台，使工资结算发放、绩效评估、人才规划、数据管理等与员工息息相关的数据能可视化呈现，实现人力资源科学、高效、精确的管理。建立中长期人力资源技术策略，该策略应包含组织资源管理、应用程序、数据分析和一系列人工智能、案件管理及解决方案。最后，运用人工智能、大数据等技术精确分析员工工作、生活、学习等方面的发展情况，并制定可行的应对预案，及时发现问题、解决问题，保持并促进团队内员工价值观多元化，激发不同层次、不同领域、不同特征的员工在特定情境下的战斗力，发挥出每个员工的最大价值，以更包容的工作环境和组织文化驱动领导干部全体自我价值和社会价值的实现。

二是提供智能化的员工服务。对于数字时代的员工来说，他们的职业和个人生活之间的界限已经变得模糊。他们会在办公时间查看社交媒体账号，也会在周末查看工作邮件。同样地，他们希望单位在数字化工作环境中为他们提供类似服务客户的用户体验。首先，在数字化人力资源环境中，可以通过构建共享服务中心为员工提供高效、优质和多元化的员工服务，从而提升员工敬业度。其次，重新考虑人力资源的组织模式，重点关注员工从接受职位到离职的全职业生命周期的体验，借助数字化技术为员工提供优质服务。同时，为员工提供个人自助服务工具。正如员工希望能够选择管理工作的方式和可支配的时间一样，他们也希望管理自己的人力资源数据，因此自助服务工作是必要的。此外，定期组织业务人员和人力资源人员之间的轮岗，由创新团队反向促进高级领导干部的能力提升，有利于人力资源部门发现问题和解决问题。

三是建设数字化的人才体系。数字化人才管理的目的是打造满足战略发展需要的人才供应链。借助数字化技术在人力资源管理领域发挥的作用，运用数字化的思维顺势而为，打造与战略发展相匹配的人才供应链、建立符合数字化人才的管理机制是人力资源管理部门从容应对数字时代人才管理挑战的必然选择。首先，通过提供适当的培训投资数字人才，这些培训可以是正式的，也可以是非正式的，可以是通用的，也可以是定制的。关注员工的需求，支持和引导他们的个人成长，增进员工的满意度。通过正式的培训、学习、实践，以及定期的反馈和指导实现内循环。其次，关注未来社会建设和发展的核心数字人才，充分利用社交媒体、移动终端的优势，为他们提供可以用不同方式工作的机会，吸引更多具有竞争力的员工加入到团队当中，增强团队整体竞争优势。最后，将人才创新作为人力资源的核心策略，引进外部讲师和顾问，不断寻求新的想法进行培养创新。设计和编制新的绩效管理机制，紧密围绕组织文化和业务需求形成的创新理念，充分利用数据发掘潜在的高绩效人才。

总之，在数字时代的背景下，人力资源部门不应是被动的参与者，而应该是推动者和引领者。人力资源管理也并非是孤立存在的，而是要服务于业务，实现战略目标的落地。因此，人力资源数字化的终极目标是业务人力一体化，由人力赋能业务落地，以开放的心态拥抱变化，持续变革、持续改善，从战略转型、技术融合、智能服务、人才先行等方面做好数字化人力资源的环境创建。

二、推动业务和组织数字化变革

正如摩尔定律解释半导体芯片的计算能力一样，在解释信息技术和组织关系方面也存在着一个定律，被称为“乔治定律”，也被称为“数字化转型第一定律”[①]，其内容大致可解释为“技术变化很快，但组织变化却慢得多”。该定律诠释了为什么数字化转型更多的是领导层方面的挑战，而不是技术难题，主要原因在于组织结构和运行机制要比科技复杂得多，因而更难以管理并作出改变。领导干部数字治理能力的提升需要优先从组织变革着手，发现改善政府运作、服务提供或政策制定的机会，克服结构性和体制性的变革障碍，以保障和推动业务逻辑的有效运转。

1.发挥数据驱动

习近平总书记指出，善于获取数据、分析数据、运用数据，是领导干部做好工作的基本功。[②]数据能力在一定程度上成为数字时代的公共服务领导者数字治理能力的最好体现，因此需要懂得如何使用数据来为决

① 杨庆:《数字经济对税收治理转型的影响与对策——基于政治经济学和治理理论分析视角》,《税务研究》2020年第10期。

② 《审时度势精心谋划超前布局力争主动 实施国家大数据战略加快建设数字中国》,《人民日报》2017年12月10日。

策提供信息、设计和运行服务以及创造公共价值。

一是辩证看待数据的时代属性和实际作用。数据作为国家的基础性、战略性资源和新型生产要素，已逐步渗透到生产、分配、交换和消费的各个环节，成为国家治理的重要资源。因此，为达成实现国家治理能力现代化的目标，必须整合、调配、使用好数据资源。首先，领导干部需要重构数据意识。一方面需要重视数据的时代属性和实际作用。当今社会，数据成为重要的生产要素之一，体量巨大的数据被收集、分析和利用，各领域各行业的各项业务活动都离不开数据的支撑。数据贯穿于业务全生命周期，辅助事前分析预判、事中监管控制、事后复盘验证，从而驱动智慧决策。另一方面又不能迷信数据，错失真相。当我们建立起数据体系后，大家听到最多的一句话可能就是"用数据说话"。我们或多或少都会遇到过业绩好不好用数据说话、事件处置过程是否合理用数据说话、用户体验是否提升用数据说话等不同的场景，但有时却发现数据反映的结果跟实际业务相差较大的情况。从数据结果产生的链路分析原因，在业务动作执行、业务数据产生、业务数据收集和加工、业务数据梳理解析、业务结果输出等每个环节都有可能出问题，比如业务动作执行不到位、数据收集或加工错误、分析维度不全或分析思路不匹配业务逻辑等。因此，当我们拿到一个数据结果的时候，尽量保持怀疑精神，多问几个为什么。尤其是当数据结果与我们预期有偏差的时候，哪怕是很细微的偏差，也尽量不要放过，否则我们往往会错失一些业务真相。其次，根据政府机构业务工作实际情况发挥数据作用，而不是为了用数据而用数据。数据本身是灵动的，是符合描述事物发展规律的客观存在，数据的使用有较强的条件，例如，数据的时效性使数据的使用需适应当前的时间约束，数据的依赖性使数据的使用要符合事件的环境约束等。因此，应该制定数据使用和运行机制，借助数据强大的资源存量和数字技术的支持，激发数据的实际价值和效用，从而发挥数据的驱动作用。

二是努力掌握数据的应用特性和技术特点。在当前这场“人人都产生并希望拥有数据、人人都希望从数据中获益”的数据浪潮中，领导干部应真正弄通弄透数据的应用特性和技术特点，在丰富多样的数据中发现其价值，善于用数据决策、用数据管理。首先，所有公务员都需要具备支撑数字政府建设的成熟技能，包括认识数字转型的潜力、理解服务对象及其需求、公开协作以实现迭代交付、可靠地使用数据和技术等，做到真实地使用数据和使用真实的数据，而不是脱离实际用数据纸上谈兵，为构建数据驱动型政府贡献自身的力量。其次，领导干部应当在职权范围内规范本单位的数据采集与汇总，并建立数据分类与数据资源目录。只有在源头上保证数据的规范与准确，才能确保进一步的挖掘与利用。面对当前不同行业、不同地区数据壁垒的问题，要树立融合共赢的理念，让数据充分整合，顺畅流通。再次，学会运用有效的数据分析工具，努力将数据转化为有效信息的能力，做好数据采集、数据建模、数据分析、数据反馈等工作，将数据活动嵌入业务流程中，运用数据分析结果指导员工行动，用数据反哺业务运转、驱动业务增长，并能够为业务活动中的关键性问题提供指导性建议。最后，做好数据管理，从业务数据的产生到应用，并不是所见即所得的。数据应用价值的实现体现在业务数据化、驱动机制化，以及需要决策层积极参与，才能从根本上保障数据应用对业务的驱动有足够的深度与力度，从而对业务发展产生更为积极的影响。

三是严格防范数据的道德侵害和安全风险。在数据时代的背景下，数据采集方式的多样性和个人信息采集的广泛性使人们面临数据隐私权的挑战。在数据的使用上，一方面要注意避免对个人隐私的侵犯，另一方面需要妥善保护收集到的隐私信息，这些都有利于防范数据驱动过程中带来的道德问题，也有利于数据全生命周期的安全。首先，做好数据治理。目前，智慧城市建设正在如火如荼的推进当中，其中涉及多方面数据收集且体量巨大。对于许多人来说，通过各种技术帮助获得居民私人和敏感信息更像是一种入侵，人们对数据隐私的担忧正在浮现。领导干部需要动员相关的数据专业人士不断努力，尽量减少隐私被侵犯的风险，并指导如何最安全地使用数据和数据处理技术。其次，划清道德底线。为了维护正义和赢得公民的信任，数据收集必须是道德的，如果缺乏适当的政策引导，数字治理体系将会变得脆弱，导致管理更加复杂。政府必须制定一系列政策来简化数据价值转化过程，以实现让生活更美好、给城市带来积极变化的目标。最后，筑牢安全防线。数据的流动性、可复制性、广泛性等特性使数据的安全防护尤为困难，即便如此，在数据驱动业务发展的过程中，必须将保证数据安全放在重要位置和关口，时刻不能放松。领导干部可以围绕网络环境和信息系统开展安全防护工作，主要聚焦在网络安全和信息安全方面，通过以数据为中心的视角，结合业务实际，从场景出发，对数据有效地分级分类，制定安全策略，扩展现有的数据治理体系，不断提高对数据的安全治理管控能力。

总之，从多年来各方面的深入探索和实践来看，以大数据、云计算、区块链和人工智能为代表的新一代信息技术日益成为驱动政府数字治理改革、创新的核心力量。数据作为新兴技术的底层支撑，使数字治理更加智慧化。充分把握数据的时代属性和技术特征，明确数据的权属关系，创新拓展交换模式，从而发挥数据驱动作用，保障领导干部数字治理能力提升过程安全高效、动力十足。

2.以服务对象为中心

数字化是一种“以服务对象为中心”的信息技术的应用。任何信息技术应用的本质都是业务问题，而业务问题的实质是服务。参与公共服务的公务员应了解服务对象需求，重视服务对象的体验，以服务对象为中心设计、测试和采用有效的数字治理解决方案。

一是数字治理的目标是真正实现以服务对象为中心的公共服务价值。作为数字治理的主体，领导干部所要转变的不仅仅是政府现有的工作方式，更根本的是要重塑政府的公共服务理念，从群众的角度出发，考虑群众需要什么、想要什么，然后设计和提供相应的政务服务并努力减少群众与政府打交道时所产生的摩擦和痛点，让群众享受更加便捷美好的政务服务。首先，需要明确人民始终是数字化治理进程的根本着力点，可鼓励公众积极参与，切实为民谋福利，为数字治理奠定坚实的群众基础。其次，发挥新媒体平台的作用，加大对数字治理的宣传，提升群众网上办事的透明度和可获知程度，使政务服务触手可及，全时全域提供24小时服务，全方位实现“一网通办”，提升民众的参与度、满意度和获得感。再次，可以从公众的需求出发，持续拓展数字政务服务，关注教育、医疗等民生领域数字化服务的提升。最后，开通网络监督、咨询与举报通道，畅通公众参与渠道，提高公众参与的积极性。

二是数字治理的核心是切实坚持以服务对象为系统治理的主体力量。人民群众是历史前进的根本力量，也是我国经济社会系统治理的根本力量。人民作为政务服务业务开展的主要对象，扮演着主体的角色，也是对数字治理成效最有发言权的主体力量。首先，人民群众在实现自身利益的社会治理过程中信息最灵通，利益最关切，最能够激发自身的主观能动性和创造性。领导干部要善于通过体制机制设计引导和支持这部分群体自主实现自身利益，实现服务对象广泛参与的共同治理新格局。其次，人民群众蕴含着治理智慧和力量。领导干部要在系统治理的谋划之始充分听取群众意见，了解服务对象群体的诉求，明确服务对象群体的利益。习近平总书记指出，一切治理活动，都要尊重人民主体地位，尊重人民首创精神，拜人民为师。[①]因此，在治理过程中，领导干部要将人民群众作为治理的主体，依靠群众、发动群众。最后，要重点关注服务对象最关心的涉及民生问题的相关主体业务，例如教育、医疗、住房、收入分配、社会保障、食品安全等涉及千家万户利益的问题。领导干部应多站在被服务对象的视角，推动业务服务升级和组织结构变革，牢固树立历史唯物主义的人民群众观，在经济社会的系统治理中把人民群众组织起来，依靠人民群众，系统完善数字治理体系架构，使被服务群体能够享有更多的社会治理成果。

总之，在数字时代，各领域及相关业务都值得重新塑造业务模式和组织架构，以实现数字化的广泛连接和深入触达，充分发掘服务对象深层次的需求，创造性地拓展服务领域和服务方式，重新厘清服务对象认知价值，弥补自身业务价值主张与服务对象认知价值的偏差，实现政务服务和治理模式与服务对象需求同步增长，从而维持领导干部队伍的长久生命力。

3. 公共部门创新

公共部门创新已日益成为数字化浪潮中政策议程的头等大事。各国政府为确保其在世界格局中的竞争优势，都开始不断探索新的管理模式以提高自身的公共治理能力。时下，公共部门创新已涉及社会救助、环境保护、能源供给、儿童照料、城市规划、社区更新与养老服务等多个领域，领导者和决策者也越发关注该领域的相关内容。

一是公共部门呼唤治理理念创新。随着民主化进程的不断推进，公

① 李昌禹、李学仁：《推进人民政协理论创新制度创新工作创新 推进社会主义协商民主广泛多层制度化发展》，《人民日报》2014年9月22日。

民参与公共事物的意识逐渐觉醒、热情不断高涨、能力日益提高。因此，公共部门创新也呼唤治理理念和数字意识的升级和持续发展。首先，让创新成为领导干部的一种惯性思维。公共部门全体干部需要整体全力提升数字思维，真抓实干，善作善成，用数字治理的理念和方法帮助思考问题、处置问题和解决问题，不断提高工作水平。其次，综合运用数字化的设计思维提升领导力。创新的根本手段是打破常规和固有的格局，也就是说公共部门需要在政策文件制定、组织结构建设、业务模式确立和服务职能设定等方面融入创新的设计理念，允许适当的灵活变通和标新立异。最后，更多关注员工数字化能力而非不足或缺点。组织结构的调整和业务体系的革新需要优秀的数字化专业人才，需要关注员工能在岗位上发挥哪些长处，服务于公共部门整体服务质量的提升，而不是纠结于员工的不足。领导干部需要有更加广阔的视野和更加高瞻远瞩的思维，全面系统地评估员工的能力，甚至结合数字化技术实现员工考评，将员工的数字化能力全面激发出来。

二是公共部门需要组织结构创新。随着数字化程度加深，公共部门数字化转型从内部供给变革向供需互动、多元合作、整体智治方向演进变化。在数字化转型的过程中，组织结构的重塑成为至关重要的环节。首先，组织结构需要更有利于公共价值的实现。创造公共价值是公共组织的关键目标之一，作为数字时代政府治理的新形态，数字政府治理应确定以创造公共价值为目标的组织使命。公共价值作为数字政府治理的关键目标在一定程度上能够判断数字政府治理是否有效。其次，应根据组织战略决定的组织结构调整策略和方案。组织结构的调整需要使组织规模与战略规模保持一致，需要有利于发挥组织的整体合力，为战略目标的实现提供可靠的组织保证。最后，公共部门的组织能力需要有效评估。时下，评估工作应更具有时代特征，需要多从数字化转型的整体目标和公共价值完成度的视角评估数字政府治理改革进程的有效程度，采用多维度、立体化、分层次的评估体系，促进公共部门组织结构的不断创新。

三是公共部门应有业务模式创新。业务模式创新是公共部门创新的最直观的体现，是对公共部门有效服务最直接的保障，采用可塑性、抗压性、延展性都很强的业务模式，能够更好地适应百姓日益增长的社会需求。首先，需要根据组织战略决定组织中短期的经营方针，将组织的战略使命与成员目标联系起来，激发业务模式创新的内生动力。其次，将业务模式从政府驱动转变为多元协作，发挥各领域专家和人才的智慧和力量，共同推动政府数字化转型，激发公共部门的业务能力和服务效能。再次，把主要注意力放在一线业务上，尤其是一线业务数据的有效利用上，让数据完成“最后一公里”的价值转化，驱动业务具有更强的刚性，提高业务办理效率和工作效率，将方便快捷、高效率、高质量的业务推向群众。此外，重视业务内容的变革和业务方向的拓展，增强业务整体能力，赋能公共部门职责发挥。最后，将公共部门管理的重点从组织范围内转移到整个社会，以实现公众期望为最终目标，利用数字技术破解公共部门在公共价值创造时要面临的挑战和过程复杂性问题，全面兼顾数字政府治理各领域的建设和发展，包括智慧城市、开放政府、公共服务等方面的关键性内容。

四是公共部门寻求服务职能创新。公共部门服务社会的宗旨是不变的，但服务社会的手段却不能一成不变。数字化转型提高了公众对服务的期望，使人们有可能从简单的单点式在线交流交易转向尝试直接获取解决问题的方案，追求更高层次的用户体验，以及与后台工作人员建立连续统一体，实现从外部到内部的便捷沟通。因此，为了在数字时代更好地设计和提供服务，有必要重新定位公共部门的现有角色和能力以实现服务职能的革新。首先，突破现代服务型公共部门职能的有限性，完善政府社会管理和公共服务职能，主动承担社会责任，发挥对整体市场、地区软实力和上层建筑引导力，增进公共部门职能创新的经济价值、社会价值和文化价值。其次，调整政府职能范围和行为方式，提升对经济、社会的推动作用，克服社会结构变迁带来的现实挑战，促进形成社会结构不同构成要素、互动关系及其功能的一体化。最后，公共部门需采用更科学恰当的方式和途径增进管理艺术，满足和实现不同利益群体的需求，促成多方利益主体的协同发展，提高社会公众的认知度和满意度。

总之，随着政府数字化改革的逐渐深入，公共部门创新也越来越被视为一种跨组织的多利益主体间的开放合作过程。领导干部在提升数字治理能力的过程中需要确定公共部门未来的服务领域，拓展和维持其生存空间，将数字化的治理理念和业务模式融入到组织变革当中，持续推进组织结构创新和服务职能创新。

4.组建数字团队

数字团队建设是组织变革的重要体制保障，也是推动业务优化的重要动力之一。从团队认知、团队构成、团队决策、管理手段和运作方式等方面形成完整的数字团队运行体系和工作机制，并将传统公共服务技能与现代数字化技能相结合，更有利于促进组建复合型、优质化、高效率的数字团队。

一是明确定位数字团队的角色需求，培养形成多层级协作融通的运行规范。数字团队的组成过程复杂，构成人员在工作经验、教育程度、自身影响力和团队合作能力方面各不相同，因此，组建合适的数字团队必须充分考虑个体组成要素，从而明确各自在数字团队中的定位。首先，领导者要培养断点思维、破界思维、突变思维和分布思维等新的数字化思维模式，促进形成在不确定性因素下能够较好地处理短期与长期、个人与集体、质量与产量、自主与合力等矛盾问题的能力。其次，数字团队需要确立有效的数据治理以提供战略方向和愿景，通过建立最高层的首席数据官等数据专业角色，明确责任主体，确保责任落实。同时，团队需要充分承认数据分析师和数据科学家等角色的重要性，并尽可能地由专业人员负责政府活动的数据收集和处理，为正在进行的业务或需制定的政策提供更加可靠的信息。再次，数字团队需要多学科复合型人才，通过跨学科协同合作模式，实现不同领域专业人员知识储备的共享共用。最后，数字团队必须形成合理的领导体系和沟通机制，不一定采用以领导者集中管理和控制为主导的管理模式，可以尽可能地用数字化的手段减少汇报，发挥集体智慧共创新的管理模式。此外，保持传播畅通的沟通渠道和实践经验分享渠道，确保团队所做工作的弹性、可伸缩性和安全性，帮助制定更精准的一致性决策。

二是鼓励团队使用数字化新技术，创新应用数字化资源和数字化工具。数字团队作为一支专业的数字化队伍，在政府机关的数字化转型中发挥着重要的作用，应充分重视团队成员的数字化素养，激发团队专业潜能，推进数字化业务和服务转型。首先，推动团队快速适应数字化应用，如社交媒体、协作程序、线上办公、远程控制工具等，推动团队部分专业人士熟练数字技术与业务流程的融合。其次，针对服务对象能够准确获取目标服务对象需求清单，通过数据分析形成并查看客群画像，快速生成推动业务发展的决策参考，结合有效反馈促进组织结构的优化升级。最后，通过业务成效推动富有洞见的尝试，鼓励团队成员对数字化资源和数字化工具的创新应用，实现数据技术推动数据价值在业务侧的价值转化。

三是凝聚数字团队集体的力量，打破价值评估标准化范式。数字时代领导干部治理能力的组成形式和体现方式已经发生了变化，职权的履行逐渐依托于网络社群交流，工作的质量和呈现也不能单纯以传统常规的年度评估方式进行。首先，通过数字化系统和网络管理团队成员，把员工自由轻松地聚集在一起，通过良性工作环境的营造，发挥集体的力量，促进团体生活，激发协同效应，进而创造尊重与分享的价值文化。其次，数字化管理者应采取一种破界式的思维模式，调整对工作人员的管理模式，注重员工的个性和尊严，给予每个团队成员更多的独立性，发挥每个个体的最大价值，从而形成团队整体最大合力，实现数字化时代团队管理模式的转变。最后，创新评估模型，鼓励因人而异的差异化评估，激励个人价值深层次传递，促进建立快速响应和持续反馈的评估闭环机制。

四是不可忽视虚拟团队建设，促进形成数字团队异时空的合作模式。随着数字技术的发展和网络通信模式的更新换代，不同部门、不同人群之间的交流合作模式也发生着根本性的变化，尤其是新冠肺炎疫情的影响使很多业务转移到了线上，因此组建虚拟团队成为数字团队建设必不可少的一部分。首先，虚拟团队具有快速整合人才资源和信息资源的优势，能够较高效率地完成信息交换和沟通交流任务，降低时间成本。其次，虚拟团队打破了组织的边界，实现组织机构的精简和重构，促使组织结构扁平化，团队柔性工作模式充分体现。再次，虚拟团队的组织结构更加灵活，团队成员可以按照一定的规则进行动态变化，以实现团队效益的最大化，团队的容错率高、健壮性强。最后，虚拟团队的组建具有实现短期目标的显著优势，团队成员个人预期与团队整体目标相关联，能够高效优质地满足团队对信息、业务、服务等方面的需求。此外，由于团队成员大多都是业内享有盛誉的专业学者或者政企专家，所以更易形成信息互信的工作机制，促进团队协作，整体提高团队工作效率。

总之，数字团队作为推动业务和组织变革的新形式，是领导干部提升数字治理能力过程中至关重要的组成部分，其以业务为核心，辅助组织结构优化，促进服务效能的落地实施，成为政府机构职责执行的体系支撑，也成为政府与群众间沟通的重要桥梁。

三、个人数字化能力提升

领导干部个体作为领导干部整体数字治理能力提升的基本单元，应从数字时代发展的大背景出发，既需要快速适应数字技术更新迭代，也需要注重多项个人能力的提升。善于运用数字化思维看待和解决问题，践行数据理念，整合和挖掘数据，变被动解决问题为主动预防问题；善于构建良好的社会关系和情感生态，化解社会交际方面带来的情感压力，妥善处理工作与生活的冲突；善于从服务对象的角度出发考虑问题、作出决策，提高公民对公共政策或公共服务的体验，从而达到数字治理的成果实质化。

1.数字化思维能力

数字化思维能力不仅是利用计算机和数据处理问题的能力，更是融入生活中的个人生存技能。领导干部首先要有开放的心态来认识、获取并合理利用新信息技术产生的大量数据信息；其次要正确运用大量的数字化信息被分析后产生的辅助决策知识，提升在数字化领域的判断力、领悟力、执行力，进而促进数字化环境创造、业务流程重构和组织结构变革，实现数字整理能力再上一个新高度。

一是培育断点式非连续数字化思维，打破经验主义和静态范式。数字化的典型特征之一是其时间轴向上的发展曲线会出现断点，呈现出非连续性、跳跃性、震荡性，而这种震荡往往出现断崖式的回落或反弹。

首先，这意味着领导干部要具有长远的战略格局，强化各级政府对数字治理的认知，将数字化的断点式思维贯穿到整个数字化改革过程中，能够洞见未来发展趋势，系统布局组织业务生态。其次，领导干部在利用数字技术时，不拘泥于现有经验，善于发现数字化的思维模式和规律，要从连续的线性思维转向非连续的生态思维，以应对业内改革发展的断点与突变。最后，应以科学发展的眼光看待数字化相关的问题。作为数字治理的重要主体，各级政府要明晰数字政府治理的定位，打破思想禁锢，改变以往的工作方式，推进数据信息共享和政务数字化公开，提升领导干部数字领导力。

二是鼓励求破解求融合数字化思维，实现从封闭式向开放式的跨界融合。数字化的另一个典型特征是破界融合，不仅强调思维方式的发散，而且注重突破思维定式、行业禁锢、知识结构限制等，实现数据、知识、业务能力的多方融合与开放。首先，它意味着供需双方的破界融合，组织内部与外部环境的破界融合，业务之间的破界融合，软硬技术的破界融合，线上线下的破界融合，数字技术与场景应用的破解融合，等等。其次，应从用户创造价值的思维转向政府与用户共创价值、组织与员工共创价值的思维，扩展价值实现的模式，加强领域合作和主体间的交流合作。再次，机关内部数字化人才的专业知识领域不再限于固定研究方向，而是应当具备跨行业、跨组织、跨层级的知识广度和深度，促进组建现代机关、数字机关。最后，在数据的破解融合过程中，每个人都应意识到数据管理所固有的隐私、安全和道德风险，也应意识到数字技术系统的持续使用成为新的风险载体的可能。在领导干部和公务员队伍不能全面掌握所有风险领域的情况下，应运用数字化的破解融合思维，调集行业专家评估风险点，通过不同领域的知识结构碰撞得出可信的指导意见。此外，这也为领导干部和广大公务员队伍提出了更高的要求，需要具备一套最低限度的技能，使之能够及时发现可预见的问题，如发现可避免的安全漏洞等。

三是善用突变性颠覆性数字化思维，形成从单一现象向全局部署的洞悉和感知。换句话说，要形成从单一基于大概率事件推测未来的思维到洞见与感知小概率的“黑天鹅”突变事件的思维，形成从弯道超车的渐进式思维到变道变速超车的颠覆式思维。首先，领导干部要勇于进行数字化创新，而不是简单的模仿创新，追求思维模式、理论体系、实践方式的自我革新，勇于面对创新的挫败和成功路上的陷阱，以开拓和探索精神挑战权威与已有规范。其次，建立基于新能力、新模式的新学习曲线，在试验、探索、创新、迭代、优化中确立新的内在核心能力与外在生态优势，促进传统流程现代化，以符合现代服务的期望和标准。最后，改变传统信息交换模式和数据共享方式，充分利用新媒体平台与民众互动，盘活社会资源，实现社会治理的全民共治，鼓励民众建言献策，消除政策落实盲点，满足人民群众的多元需求，打造共建共治共享的数字治理新格局。

四是采用分布式多中心数字化思维，提升人、事、物的管理效能。换句话说，就是从直式单一中心思维向分布式多中心思维转变，从单一聚焦式思维向多维度动态选择思维转变。首先，厘清业务环境的构成要素，注重组织管理调控的同时，关注核心人和物的个体力量，以及可能会影响决策执行的边缘人物的不确定性，避免管理执行层面的漏洞。公务员要能够分析和预判短期和长期可能在哪里出现风险和问题，导致这些问题的关键性要素有哪些，并能够适应和驾驭数字化转型过程中这些可能出现的问题。其次，要重新定义数据所有权及其管理模式。虽然数据通过大平台实现统一汇聚，但其源头活水还是资源分布式的根节点，数据确权需责任到基层，缓解大规模数据管理带来的软硬件设备压力，避免数据安全风险。最后，了解运用区块链技术盘活社会经济发展，建立数字互信互任体系，促进数据要素各主体间的协作和相互监督，形成经济社会发展的多中心共治共管规则体系。

总之，领导干部个人数字化思维能力的提升并不是一蹴而就的，而是在学习和运用数字化的过程中逐渐形成的习惯和行为方式，既要能够适应数字领域的快速迭代，也要能避免传统经验思维对思想的限制，善于突破和打破常规，并将数字技术的属性特性转化为发现问题和解决问题的方法模型，更加全面、科学、有效地支撑业务开展和决策制定。

2.社会情感能力

为了实现政府的数字转型并取得相对优异的成效，仅仅学习和提升数字化技能、数据素养和数字认知技能还不够，还必须关注与数字政府相关的社会情感技能。由于社会情感技能具有多样性，因此每个公务员并不需要完全掌握数字政府的社会情感技能和相关行为，但组织机构需要确保在产品和服务设计和交付时，在团队层面反映这些技能，确保特定的社会情感技能及其相关行为与数字治理全生命周期的融合，以支持数字政府建设的日臻成熟。

一是具备积极的社会人格，培育积极的社会心态，为社会有序化运行创造基本条件。首先，领导干部在个体与自我、他人、集体关系的处理过程中保持积极的情感体验，塑造健全的个性和人格特征，从而达到个人素质的整体提高和个性的完美发展。其次，提升人格品质、情感质量和责任意识，在社会生活中能够养成和践行美德，提高社会治理成效的社会影响力，保障社会生活有序化运行。再次，重新思考和设计公众体验的数字政府氛围，将数字政府建设的美好愿景与领导干部个人现实技能相匹配，激发数字治理变革，建立数字政府发展动力。最后，用积极的态度探索数字化转型中的数据特征和新兴技术带来的工作方式和组织结构的变化，大胆尝试创新、展望未来，认清自身在社会群体关系中的定位，实现社会情感满足和能力提升。

二是善于重建“社会关系”，构建人与人之间的精神生态，让人际关系本身更具人性化。首先，构建与他人的关系，强调对他人的同理心，在具备他人意识的认知基础上，能够识别和理解他人的态度、情感、兴趣和行为，具有尊重差异性、有效化解冲突和建立并维持友善人际关系的能力。其次，构建与集体的关系，强调在认同集体价值观与集体行为规范的认知基础上，形成集体归属感、荣誉感，正确理解集体与个人的关系，能够遵守集体规范，明确个人在集体中的权利与责任，增强团结、合作、承担责任等亲社会行为能力。再次，要营造形成安全和有归属感的物质环境、激励参与的学习环境、信任和谐的人际环境、自信尊重的情感环境、合作交流的外部环境和内在关系，构建人与人之间的良性互动。最后，提升交际能力，包括与人建立关系、理解周围的人并达成共识等相关能力，准确恰当理解服务对象需求，通过高情商的表达来建立融洽的关系，建立基于同理心的协商机制，消除不同组织和专业人士观点之间的分歧，促进跨部门协同解决整体性问题。

三是能够及时调节情绪、调适压力、积极反省，具有坚韧的自我意志品质和进取心。首先，善于系统分析工作生活过程中的数据和需求，兼顾公正和理性，既能平等地理解他人的观点，避免偏见，也能经过权衡和反思形成科学的决定，促进公共部门从数字化改革和社会治理过程中获得更高质量的效益。其次，提高自身认知的深度、胸怀的宽度和境界的高度，能够多视角、高精度识别和确定问题、提出解决方案、制定公共服务实践和迭代方法，切实增强解决问题的能力。最后，善于总结谬误和真理，在工作中磨砺自我意志品质的韧性，建立强大的心理防线和信念，敢于面对错误和挫折，不轻言放弃，实现方法模型和实践经验的螺旋式上升。

四是快速应对社会环境变化并作出反应，决策过程应具有保护意识和安全保障措施。首先，需要具备敏锐的洞察力，能够持续发现问题、提出问题，并从数据和研究的角度快速适应环境变化，改进完善当前阶段需要调整的行为或方法。其次，客观地看待数字化改革和数字治理模式的恒定性变化，对新情况、新局势、新需求在较短的时间内顺利构建决策规则，快速思考、准确反应，不自乱阵脚，具备在复杂或具有挑战的情况中保持冷静的能力，做到心中有数、稳中求胜。最后，在应对意外突发情况时，需具备保护意识和制定保护措施，确保数据的安全性和过程的安全性，以确保结论可靠性和可信力。

总之，社会情感能力作为个人数字治理能力提升的基本组成之一，从人格、心态、品质、情绪和社会关系等方面对领导干部提出了更高的要求。要不断优化和壮大领导干部和公务员队伍，以促进数字政府建设的每一个参与者都真正成为建设者和决策者，实现数字政府系统推进并迈向成熟发展阶段。

3.数字化服务能力

数字治理能力的提升不是简单的闭门造车，抑或是主观经验决策，而是从服务对象的实际需求出发，以数字化的手段和工具，围绕服务对象这一主体进行的综合性提升过程。公共服务领导干部必须重视作为公共政策主体的人的角色和职能，提升洞察服务对象需求能力，强化以服务对象为中心的数字化思维和技能，并善于从被服务对象身上学习和领悟数字治理过程的关键要素和重点环节，通过个人能力的提升，积小流以成江海，推进全体领导干部的数字治理能力全面提升。

一是拥有洞察服务对象需求的能力。当下，数字技术在各个行业不断落地应用，显著的变化就是打破了行业间原有的闭环链路。数字化转型不仅改变了政府和企业传统的价值服务模式，而且重塑了他们与服务对象间的价值传递交互模式。在数字时代，强大的需求洞察能力已经成为政府和企业满足服务对象价值需求的关键所在。首先，促进数据互联互通，汇聚整合相关数据，通过提炼加工形成数据的归集和融合以连接、组合和共享的形式释放数据能力。其次，利用聚类分析、神经网络、决策树等计算方法，对服务对象进行标签分析，建立服务对象数据模型，根据服务对象的行为信息、特征信息、社会信息及偏好信息等多维度信息形成服务对象数据画像，针对不同人群精准策略。最后，做好对于服务对象“人性”和“情景”的把握，将服务对象的意愿转化为需求，并将需求转化为数字化表达，实现服务对象希望被尊重、被理解、被满足的期望，更加体现个性化和人性化，从而让数字治理过程更具影响力。

二是拥有以服务对象为中心的数字专业技能。数字专业技能不仅是指运用大数据、区块链、人工智能等数字技术的能力，还应该包含多学科的方法和技能，确保从各种数字和非数字专业人员的视角看待和处理数字治理问题。首先，从以服务对象为中心的视角处理数字技术环节，比如设计、服务、产品、数据、交付等，每一个环节都保证有与之相对应的数字专业技能，并做好服务。其次，提供可信赖的、主动的、以服务对象为中心的服务，这意味着要熟悉如何较好地设计服务、执行服务和保障服务，以满足政府环境下服务对象的需求。最后，要学习服务设计的各个阶段，从花时间研究和理解服务对象及其需求开始，再到设计、原型和迭代交付阶段，降低服务对象应用平台或系统操作的难度，做好合理简捷的引导，提升服务对象体验。

三是拥有从服务对象角度领悟和学习的能力。这里所指的服务对象不仅包含数字治理的服务对象，还应该包括广大的公务员队伍。作为政策制定和管理的发起人，公务员队伍需重视作为政策所面向的主体——人民的经验，而不是仅仅基于政策执行的目标和结果来衡量评估所收成效。首先，重视身边公务员群体的工作和生活，从身边的环境中学习知识、积累经验、总结教训，善于发现新思路、新方法，并用于开拓新模式、新路径，扩展数字技能覆盖面，形成综合数字能力体系。其次，了解服务对象的经验并能够向他们学习，三人行必有我师，应保持谦虚谨慎的态度和积极学习的心态。民众的意愿并不是空穴来风，必然有其指向性、关联性、事实性，要善于吸收和判断服务对象的关注点，用数字化思维和工具聚焦解决核心问题。最后，善于走进被服务的对象群体。公务员应多与服务对象进行面对面交谈，而不能脱离群众、自我发挥、不切实际；应尝试让更多的被服务对象参与到数字治理平台建设、系统集成、功能优化等过程中来，充分发挥群众作为数字治理一员的重要作用，更好地为服务对象提供直观体验。

总之，个人数字治理能力的提升是为了为领导干部决策提供更优质的保障，而数字治理的目的则是为了让百姓获得更好的生活、学习、工作环境。因此，作为数字治理最终的落脚点，在个人数字化服务能力提升方面应充分洞察服务对象需求，掌握为群众服务的数字技能，并善于从服务对象身上领悟和学习，建立数字化服务能力提升机制，为领导干部数字治理能力全面提升提供基层动力。

第六章 数字治理创新实践

当前，互联网、大数据、云计算、人工智能、区块链等信息技术加速创新，数字化已全面融合渗透到城市经济社会生活的各个领域，在加强和创新政府治理方面发挥的引领作用也在不断增强，这给各级政府领导干部的数字治理能力带来了新的挑战。领导干部队伍能否充分运用现代信息技术手段，提升数字治理能力既是国家治理体系和治理能力现代化的重要内容，也是数字时代推进国家治理现代化的关键驱动力。

“它山之石，可以攻玉”，本章通过总结国内外领导干部提升数字治理能力的先进经验，系统梳理了其中的共性特征与规律，以期能够给我国各级领导干部以经验启示。从而更好地结合我国各地实际，推动我国政府数字治理流程和模式优化，有效应对数字化转型带来的风险挑战，使数字化技术成为领导干部提高社会治理效能的有效工具。

一、打造综合服务平台，提升领导干部履职与服务能力

近年来，随着全国一体化政务服务平台建设的统筹

推进，各地区积极构建改革谋划、执行落地、评估问效的工作闭环，以建设综合性政务服务平台为目标，着力提升行政效能、服务经济发展、促进廉洁从政，一站式服务成效明显，为企业、群众和社会各界提供了优质高效的政务服务。随着信息化的深入发展，领导干部需要敏锐抓住信息化发展的历史契机，提高用网治网水平，更好地适应和满足提升履职能力和服务能力的需求。

1.打造具有地域特色的整体性“数字政府”移动平台

数字政府建设推动过程中，除向公众提供一体化在线政务服务外，政府自身的数字化转型成为各地政府关注的焦点。广东省第十三届人民代表大会第二次会议上所作的《政府工作报告》中提出，搭建基于移动技术的统一协同办公平台，推动各级政府部门办公和业务协同。以此为契机，广东省政府主要领导立足工作实际、广泛深入调研、察访社情民意、积极谋求创新，创造性地提出打造一款具有广东特色的整体性数字政府移动平台，开发建设了“粤政易”移动办公平台，扎实推进了广东省数字政府内门户不断创新发展。

“粤政易”移动办公平台通过日常政务应用的集成、重点数据的汇聚提炼、高清在线会议的提供、智慧党建的创新开展，以及高标准安全体系和标准化的规范接口等，为省内各级政务工作人员处理公文、信息、事务提供在线移动办公。“粤政易”移动办公平台的应用涉及跨层级、跨地域、跨部门、跨系统、跨业务的数据共享和业务协同，涉及政府部门内部办文、办事、办会线上需求，涉及打通政府各部门应用的业务流程及推进部门纵横联动和协同办公。这项系统工程不是信息化部门能独自完成的，离不开省级政府领导干部的数字化思维和“一把手”的推动。

2. 全面建设“掌上办公之省”的政务协同化平台

早在2019年，浙江省《政府工作报告》就已提出，要着力提高政府履职能力，启动实施政府数字化转型，政务服务网要成为全国有影响力的公共数据平台，推广应用掌上办事“浙里办”、掌上办公“浙政钉”。随即，中共浙江省委办公厅印发了《中共浙江省委办公厅关于推广“浙政钉”移动办公应用的通知》，要求全省以“整体智治、唯实惟先”现代政府理念为指引，打造场景化多业务协同应用，实现政府运行跨层级、跨地域、跨系统、跨部门、跨业务高效协同，全面建设“掌上办公之省”。省委办公厅、省政府办公厅快速落实，全力打造数字化协同管理平台“浙政钉”，通过平台建设，探索强协同、提效能、促公开的政务新模式，推进治理体系和治理能力现代化。

“浙政钉”基于大型移动互联网办公平台架构的定制开发，将互联网信息技术领域和政务领域进行了有机结合，是浙江省政府掌上办公总平台，主要供各级政府办公人员使用，方便用户线上办公、审批、交流，能够有效地提升工作效率，保证信息安全。通过建立覆盖全省的政务通讯录，打造高效闭环的消息送达机制、内外闭环的业务流程体系和集成开放的移动应用平台，全面实现组织实时在线、沟通即时在线、效能监督在线和业务协同在线。全省公务人员采用统一用户体系开展移动办公，实现一个账号、一次登录、全网漫游。利用“浙政钉”可快速构建跨部门、跨区域工作群，有效支撑重大任务专班化运作，推动政府管理从层级化向扁平化转变。

3. 推进建设“高效办成一件事”的政务服务移动终端

“鄂汇办”定位为湖北群众和企业办事的首选窗口，与湖北政务服务网共同构成一体化互联网政务服务平台。一方面，通过健全政策支撑，完善考核机制，确保高效持续安全运行，形成工作推进良性循环。为持续深化“放管服”改革、加快推进数字政府建设，强化事中事后监管，湖北省建立了数字政府建设督查评估机制，将相关工作任务列入重点督查事项，并制定了考核指标，每季度对政务服务“一网通办”工作情况进行考核通报。引入第三方机构定期对数字政府绩效评价、对政事企合作等内容进行评估，实现督查评估工作制度化、规范化、常态化。充分发挥督查评估的导向作用，形成工作推进的良性循环。另一方面，通过强化标准规范，赋能厅局和市州协同共建。为实现移动政务服务平台规范化、标准化、集约化建设和互联互通，湖北省建立了政务服务移动端建设管理的标准规范体系、安全保障体系和运营管理体系，强化标准规范，推进服务事项、办事流程、数据交换等方面标准化建设。同时，为了更好地推进各厅局政务服务、公共服务和便民服务在“鄂汇办”的应用接入，建设了应用开放平台，可实现接口注册、调用、接口认证鉴权、流量控制、服务监控等功能，并为各省直单位开通主账号，为各部门和市州政务服务平台提供公共入口、公共通道和公共支撑，保障应用接入整体符合“鄂汇办”移动端平台技术要求，达到政务服务线上线下融合以及政务服务事项移动端办理。

4.经验启示

案例中，广东省在大量调研的基础上，以打造具有地域特色的整体性数字政府移动平台“粤政易”为引领，建设政务互联网思维的协同办公平台，优化了服务流程，提高了办事效率，提升了政府治理能力；浙江省全面推进政务协同平台“浙政钉”建设，打造“掌上办公之省”，积极探索强协同、提效能、促公开的政务新模式，实现了政府高效运行、基层减负增效；湖北省开发建设“鄂汇办”，打造“高效办成一件事”的政务服务移动终端，移动端日渐成为湖北群众和企业办事的首选窗口，与湖北政务服务网共同构成一体化互联网政务服务平台。

各地区各部门通过将履职办公和政务服务工作场景与互联网技术手段结合，建设了政务服务平台和协同办公平台，创造了一种政务场景下的平台运营模式，探索了一条政府组织数字化的路径。通过信息化建设应用的推进，政府办事效率和服务质量得到了大幅提升，群众满意度和获得感持续增强，但同时也给各级领导干部的信息化能力提出了更高的要求，对领导干部的履职能力和政务服务满意度带来了一定挑战。未来需要各级政府领导干部继续努力作为、主动担当，积极提升自身数字治理能力。

一是领导干部要立足工作实际、广泛深入调研，切实了解群众办事需求，运用信息化手段优化服务流程，聚焦群众所需、所盼、所想，让民生福祉更丰厚。上述各地区领导干部在信息化时代，始终坚持公众导向，不断提高群众满意度，围绕人社、医保、交通出行、医疗健康、住房公积金等刚需高频领域办事服务，打造单一办事场景，对相关服务事项进行整合，同时兼顾平台的特性与用户需求，进行了个性化定制开发，有效优化了政府办公效率，提升了群众办事体验。

二是领导干部要提升自身数字素养和信息化履职能力、服务意识。当前，我国数字政府建设进入持续深化的关键时期，领导干部队伍的数字素养提升显得尤为重要而紧迫，也对领导干部提出了掌握、了解、学习数据的任务要求。领导干部主动增强数字意识、善用数据、善治网络，充分利用数据及信息化手段，从数据出发，掌握规律，分析形势，形成决策，解决问题，练好获取数据、分析数据和应用数据的“基本功”，增强利用数据资源、提高实际工作的本领，解放思想、开拓创新思路，成为能够助力社会数字治理任务、全面增强数字政府建设效能的重要人才保障。

二、依托大数据分析，提升领导干部决策科学性

“用数据说话、用数据决策、用数据管理、用数据创新”已经成为数字时代政府进行科学决策的重要途径。以大数据、5G等新技术为基础，深度融合政府、社会及互联网等的数据资源，不断完善政府多目标决策的数字系统及平台应用，全面开展城市治理、经济社会、民生服务等领域的决策分析和预警预测，打造数据可视化、模拟精准化的“指标仪表盘”“领导驾驶舱”，能够有效推动重大改革措施贯彻落实、重大问题决策研判、重点工作督查落实，切实提高政府决策的精确性、科学性和预见性，是领导干部在信息化时代进行科学决策的重要基础。

1.创新建设“领导驾驶舱”，助推经济高质量发展

2020年以来，在贵州省政府指导下，贵州省统计局与省大数据发展管理局合作，成立工作专班，创新建设“贵州省经济运行领导驾驶舱”。“领导驾驶舱”是贵州省数字政府建设的创新项目，以可视化、智能化、系统性、多维度及时掌握全省经济运行情况，以服务党委、政府科学决策为目标，推动全省治理体系和治理能力现代化。“领导驾驶舱”紧紧围绕大数据的“聚、通、用”，由“一库一台三终端”组成，即数据仓库、管理平台和移动端、PC端、大屏端的多端接入，通过实时数据、各级各领域数据和非结构化数据等海量数据资源的汇聚，从宏观到微观的逐级分析监测，实现全方位、多层次经济运行情况智能分析。领导可以通过“一键批示”功能，向部门或市（州）作出工作部署，有效提高了政府治

理能力。12个大数据统计分析模型，实现全省经济运行智能化分析研判，对经济运行中出现的特殊情况，能够自动生成预警报告。

2.打造新时代共联共享的新型智慧城市指挥中心

按照中央和省、市关于新型智慧城市建设工作的要求和部署，智慧福田建设自2011年底实施以来，不断迭代升级，深圳市福田区立足智慧城市建设难点、痛点与堵点，确立了“一中心、五平台、百系统”的建设架构。具体来说，就是以福田区智慧城市指挥中心为枢纽，以预警监测、综合治理、决策支持、公共服务、基础技术五个平台为载体，开发“100+”应用系统，打造可感知、会思考、善指挥、有情感、能记忆的“城区大脑”，用数据推动机制改革、制度创新，推进政府决策科学化、社会治理精细化、公共服务高效化，不断提升人民群众的获得感、幸福感、安全感。福田区智慧城市指挥中心定位为“城区大脑”，具有事件分拨、应急联动、风险监测、数据共享、辅助决策、质量核查、可视化展示等功能，依托预警监测平台、综合治理平台、决策支持平台、公共服务平台、基础技术平台运作，汇聚全区各类数据和系统，五平台间互联互通，从而承上启下、内外融通，构建市、区、街道、社区网格一体化联动，既为基层一线提供数据支撑，也为领导决策提供辅助。

预警监测平台是“城区大脑”的感知中枢，通过物联感知与数据感知，广泛布设监控探头、传感器实时采集数据，汇集分析社情民意，构建分析模型，全方位监测经济发展、社会稳定、安全生产等重点领域，推动防控体系由事中事后处置向事前预测预警转变。综合治理平台是“城区大脑”控制中枢，打通司法、公安、交通等条状业务系统，突破部门间的信息壁垒，实施共联共享运行机制，实现日常管理的效率提升、应急指挥的统一联动和社会治理的方式优化。决策支持平台是“城区大脑”决策中枢，以数据为基础，客观展现相关领域运行现状，针对经济、民生、社会治理等业务领域，提供全方位的数据服务和全过程的分析研判，为政府科学决策提供参考依据。公共服务平台是“城区大脑”情感中枢，通过创新服务方式，优化服务流程，提升服务效率，向企业和居民提供全天候、多元化、有温度的服务，促进辖区生活便捷化、优质化，让群众更省时、省力、省心。基础技术平台是“城区大脑”记忆中枢，遵循SOA（面向服务的架构）技术架构，为智慧福田各系统建设提供技术支撑。①

3.探索国家高等教育质量数据监测与服务新发展

国家高等教育质量数据监测与服务平台按照“共建共享、应用导向，开放拓展”的建设理念，以大数据技术为支撑，加强数据挖掘，研制分析模型，进行多维度分析，持续建设完善，不断拓展国家数据平台部、省、校三级应用，客观反映高等教育教学的整体面貌和特征，呈现全国高校的办学特色和办学水平；形成系列专题数据和系列数据分析报告，为行政部门决策提供了科学依据，为全国高校常态监测、评估和专业认证等专项工作提供服务支撑；为全国高校自我评价、改进工作，以及提升教学质量提供有效参考。

在系统结构方面，依据教学工作内在规律，用数据反映全国高校教学基本状态，以在线方式采集、加工数据和提供应用服务。在系统架构上，通过“数据填报系统”“数据运维中心”“数据工作平台”“分析与应用系统”，实现采集全国高校数据、完成数据存储和数据开发、开展数据应用服务等，形成“一中心一平台两系统”的体系结构。在数据采集指

① 福田政府在线，http：//www.szft.gov.cn/zjft/zhft/content/post_8256903.html。

标体系上，遵循科学性、系统性、导向性和可操作性等原则，聚焦高校教学活动，体现教学工作基本要素，反映高校教学基本状态。在应用功能方面，按照“共建共享、应用导向、开放拓展”的理念，不断拓展数据分析及应用功能，依据部、省、校等不同层面的需求，通过数据分析和数据挖掘，建设了三级数据应用系统，实现了多用途的功能服务。同时基于多维度的主题分析数据，以有效服务部、省、校三级宏观管理与科学决策，为制定决策提供数据支撑。在数据服务方面，通过对全国高校教学质量数据资源的开发、积累、管理和应用，建立了由现代信息技术和大数据支撑的高等教育质量监测预警体系，筑牢高等教育质量监测、监控、分析、预警、反馈和应用的基础，实现对高校和专业的动态监测。

4.经验启示

案例中，贵州省创新建设“贵州省经济运行领导驾驶舱”，以可视化、智能化、系统性、多维度及时掌握全省经济运行情况，以服务党委、政府科学决策为目标，对推动全省治理体系和治理能力现代化具有十分重要的意义；深圳市福田区以智慧城市指挥中心为枢纽，打造可感知、会思考、善指挥、有情感、能记忆的“城区大脑”，用数据推进政府决策科学化、公共服务高效化；教育部评估中心依托国家数据平台，“用数据和事实说话”，全面支撑了高等教育外部质量保障体系中的评估、认证等工作需求，为行政部门决策提供科学依据。

随着信息化发展、数字化转型的不断加速，数字素养与技能已成为建设网络强国、数字中国、智慧社会的关键要素和核心竞争力。作为信息素养、网信素养的延伸与拓展，数字素养已成为领导干部适应数字时代的一种重要能力。运用大数据、政务服务平台及系统等数字化手段是信息化发展给领导干部提出的更高要求，掌握数字技术手段这一重要工具，能够切实提升领导数字治理水平和能力，从而促进决策思维优化与科学执行。

一是领导干部要树立大数据思维，提升科学领导水平。传统领导力依据以往经验或先例作决策支撑，也存在依赖“拍脑袋”决策、“拍桌子”执行等情况，缺乏对问题或对象的全面信息把握和分析，导致作出的决策存在偏差或失误。在数据时代，领导干部要树立大数据思维以增强领导力水平，使科学决策越来越依赖数据实证，通过对海量数据的采集、挖掘、加工、汇总、整合、存储和分享，实现社会不同领域的信息数字化、交互式和快捷性，克服传统领导干部的认识和决策经验不足或信息不对称的突出问题，为领导干部科学决策提供坚实的支撑。

二是领导干部要运用数据优化决策结构和领导方式。科学决策是领导决策的核心和目标。在信息社会中，对预测经济社会发展趋势、社会重大工程实施、社会公共服务需求、引发社会治理危机和公共安全事件等重大问题决策，传统经验性决策往往难以胜任，需要运用数据全面汇集整体性信息并进行分析。经过分析、加工，转化为可供决策者利用的实证性数据信息，以资领导干部作出精准性的科学决策。领导干部要善于借助数据汇聚和分析平台，基于“信息流”的即时分析，把握数据中蕴含的规律性、倾向性问题，构建开放式、动态式的决策机制，善于运用数据信息进行科学决策，以作出精准性预测研判、提高管理效率。

三是领导干部要运用数据构建信息反馈机制。基于整体数据分析，领导干部可以制定和选择不同阶段、不同环境的不同方案，确定最优实施方案和路径，通过建立数字化、规范化分析流程，进行分析问题与辅助决策；善于运用大数据构建分析模型，从而及时、有效地对决策的执行过程进行监管和反馈评估，根据目标变量的参考系进行调整和修正，提升决策成效。①

三、强化高效便捷思维，提升社会治理水平

党的十九届五中全会明确指出，加强数字社会、数字政府建设，提升公共服务、社会治理等数字化智能化水平。数字政府的建设成为社会治理现代化过程的重要环节。在信息化、数字化日益渗透和普及到社会方方面面的情况下，如何将数字政府建设高效融入社会治理的各个方面，释放数字政府促进社会经济发展的重要潜力，提高社会治理现代化水平，需要各级政府和领导干部的不断尝试和共同努力。

1. 构建数据驱动的公共卫生应急指挥系统

武汉市公共卫生应急指挥系统是数据驱动业务闭环的全市疫情防控和突发事件应急指挥的工作平台，满足了“平战”结合的疫情防控和应急指挥业务支撑。系统针对数据“孤岛”问题，实现“数据同城同管”，全市涉疫数据全口径、全要素、全流程、全业务的整合、治理与应用。建立“人物地”全覆盖智能风险预警模型，实现多点触发预警，联动市、区、街道、社区风险排查业务以及应急指挥处置协同业务，实现应急指挥、专家会商、应急资源一键调度。全市医疗机构部署5G人脸识别发热人群监测系统，形成路人库辅助智能流调，集成AI语音技术，辅助基层高效风险排查。形成“无人值守”系统自动运转、数据驱动业务闭环的新冠肺炎疫情常态化联防联控工作机制，为各级新冠肺炎疫情防控管理者、

---

① 申小蓉、李怀杰：《用大数据提升领导力》，中共中央网络安全和信息化委员会办公室网，http://www.cac.gov.cn/2018-04/26/c_1122744336.htm。

基层工作者提供“一网全监测、一键达基层”的智能化系统支持，成为落实公共卫生应急体系补短板的重要工作成果。

2. 搭建多主题跨场景的城市运行管理中枢

“穗智管”城市运行管理中枢（以下简称“穗智管”）围绕城市运行的重点领域建成生态、水务、交通、城建、城管、应急、经济等应用主题，搭建“穗智管”总体框架，夯实“一网统管”基础支撑；全量归集城市运行体征数据，形成城市运行感知态势一张图；联通市、区两级平台，赋能高发事件处置调度；动态输出能力清单，提升各区各部门数字化治理能力；打造“广马”等重大活动保障、新冠肺炎疫情防控、三防应急指挥协同联动等专题应用场景，初步实现城市运行体征部分重点指标“一屏统揽”；同步开发系统的大屏、中屏（PC端）、小屏（手机端）端供市领导和相关业务职能部门使用。“穗智管”犹如城市治理的“中央厨房”，根据城市治理问题、城市管理难题、业务服务需求，通过融通相关数据、数据建模、调动资源，按需建立一个可提供解决方案的应用场景。运行监测、预测预警、协同联动、决策支持、指挥调度等五大功能既是“穗智管”的核心治理能力，也是各应用主题和应用场景的价值体现。

3. 探索市域社会治理的网格化城市管理模式

市域社会治理是国家治理体系和治理能力现代化的重要内容。北京市东城区首创“万米单元网格”进行城市管理，开创性地把网格化管理手段应用到辖区事务的管理中，创造了独具中国特色的市域社会精细治理样板。在不断的创新发展探索中，东城区在组织结构、部门协同、纵向层级建设以及技术创新等方面积累了诸多精细治理经验。一是注重线上线下横向协调。通过综合信息平台，利用地理信息、数据库、定位、遥感、数据挖掘、信息安全等技术，指挥中心根据案件类别实施任务派遣，把任务派送给相应职能部门进行处理和解决。线下组织协调主要通过制定例会制度、专题工作协调会制度、联席会议制度等工作机制实现。此外，东城区将12345热线接诉即办问题事项纳入网格化治理平台进行处理，提高区级快速响应能力，推进群众诉求问题快速高效解决，建立“热线+网格”为民服务模式，推动主动治理、未诉先办，将“接诉即办”的基层治理方式又提高了一个层次。二是充分利用数据，实现数据整合共享和百姓诉求分析。东城区把数据库重新整合为基础数据、业务数据和专业数据三类，将相关职能部门和街道科室凝聚在系统数据库里，用共享的数据打通部门信息壁垒，通过数据交换和信息互通，把各部门的职能汇聚在一起，达到部门职能整合的目的。此外，东城区运用信息技术，依托治理运行数据，定期对社会服务管理信息平台中的重点服务人群的诉求信息进行统计，实现了系统预测和业务上的差异化、多样化、个性化需求分析，提高了治理精准化水平，通过分析及时发现近期公众诉求集中的事件，为政府科学决策提供参考和依据。

4.经验启示

案例中，武汉市通过建立智能风险预警模型，将应急指挥、专家会商、应急资源一键调度，实现“一网全监测、一键达基层”；“穗智管”围绕城市运行的重点领域和城市治理、管理、服务难题，运行监测、预测预警、协同联动、决策支持、指挥调度等五大功能，建立一个可提供解决方案的应用场景，提升了治理能力；北京市东城区创造性地把网格化管理手段应用到辖区事务的管理中，创造了独具中国特色的市域社会精细治理样板。

领导干部作为创新治理的“关键少数”，是现代化治理的引领者和推动者，领导干部增强数字化意识不是选择题，而是必答题。能不能准确把握新一代信息技术创新发展和应用的趋势、规律，推动城市治理模式、产业经济发展路径不断创新，关系到我国能否在全球数字化发展浪潮中重塑区域竞争优势，能否全面支撑超大规模社会治理。在此背景下，如何扎实做好现代化社会治理相关工作，对领导干部的数字治理能力提出了更高的要求。

一是可引入专业化数据运营团队，深度挖掘数据价值和规律。为拓展数据挖掘的深度和广度，在建设大数据应用平台过程中可引入专业化数据运营团队开展系统数据研究、系统维护、工作场地运营等工作。一方面，对已归集的各类运行数据进行分析研判，对工作运行态势进行画像、对风险点进行监测、异常指标预警，推动优化公共服务资源配置；另一方面，组建运营工作组，鼓励相关业务部门的业务骨干和技术骨干，与数据运营团队开展合作，赋能社会主体，加大宣传力度，更好在业务层面挖掘系统数据价值，为社会治理现代化提供坚实基础。

二是领导干部要积极构建多元化的应用体系，为提升治理现代化水平赋能。领导干部要善于通过数据赋能管理，达成以数据为驱动力，推动决策由经验驱动向数据驱动转变、管理由单向管理向协同治理转变、服务由被动响应向主动服务转变，为提升治理现代化水平提供新的实践路径。以数据平台为基石，以共建共享为理念，以应用服务为导向，以实现治理为目标，以满足群众需求为重点，以完善供给体系为关键，以拓展应用场景为牵引，数据赋能至上，实现数据共享先行，促进社会治理精准化，特别是对推进我国数字治理体系和治理能力现代化发挥积极作用，着力优化社会治理的整体数字环境。

四、加强新型技术应用，提升智慧化监督监管

习近平总书记指出："纵观世界文明史，人类先后经历了农业革命、工业革命、信息革命。每一次产业技术革命，都给人类生产生活带来巨大而深刻的影响。"① 以互联网、大数据、人工智能为代表的新一代信息技术日新月异，给各国经济社会发展、国家管理、社会治理、人民生活带来重大而深远的影响。② 当前，新技术应用已经深入人类社会的各行各业当中，如何运用好数字化、网络化、智能化赋能监督管理，给领导干部提出了更高要求。

1. 推动提升区块链技术与司法建设融合

吉林省高级人民法院将区块链作为核心技术自主创新的重要突破口，明确主攻方向，加大投入力度，努力提升数字化建设水平，率先接入了全国法院"司法链"平台，全面开展区块链技术在法院各业务场景中的应用。紧紧围绕"两点引入、多点开花"区块链技术建设思路，推进区块链等现代科技与司法工作深度融合，基于区块链技术去中心化信任机制、不可篡改及可溯源的特点，结合实际业务，深入挖掘智能合约技术与法院业务的契合点，全面开展区块链技术在法院各业务场景的应用，完成了电子证据的存证与验证、诉讼服务全流程保障、"两卷合一"自动归档、金融案件互联网办案平台、智能审执衔接、生道执行、生道执行和解室、电子封条、易执行-线索智能分析平台、办案流程规范化监管、院庭长监

① 《习近平在第二届世界互联网大会开幕式上的讲话》，共产党员网，https：//news.12371.cn/2015/12/16/ARTI1450250340197792.shtml。
② 《习近平向2018中国国际大数据产业博览会致贺信》，共产党员网，https：//news.12371.cn/2018/05/26/ARTI1527306067114644.shtml。

管管理存证与认证、领导过问存证与认证、智能送达存证与认证等区块链业务应用场景研发建设工作，从智慧服务、智慧审判、智慧执行、智慧管理四大方面强化对智慧法院的支撑。真正实现诉讼场景链上服务，确保诉讼服务数据安全可信；审判场景链上服务，确保无纸化办案工作有序推进；执行场景链上服务，确保执行工作保持高水平发展；司法管理场景链上服务，确保办案流程规范化监管。

2. 人工智能高效赋能增能自然资源的管理保护

我国地域广阔，水系多而复杂，河湖监管呈现点多面广、量大类杂、动态变化和分散隐蔽等特点，监管工作面临监管区域广、专职人员少、问题发现难、技术手段差、持续跟踪困难等突出问题。传统监管方法主要依靠人工外业巡查和地方上报问题，费时费力，难以达到全面、及时、有效的监管目标。因此，全国河湖管理主要部门及时发现问题，聚焦现实难点，广泛征求专业意见，充分引入卫星遥感、人工智能（AI）等先进技术手段赋能增效，促进河湖监管能力提升和模式创新，推动被动、人工监管向主动、自动监管转变，不断提升数字化、网络化、智能化水平。为支撑水利部组织开展的河湖管理督查工作，推进河湖“清四乱”常态化规范化管理，以需求为导向、以实用为方向，充分利用卫星遥感、人工智能等技术手段，建立河湖遥感平台，为河湖管理督查提供问题线索和工具支撑，确保河湖管理保护突出问题能够得到及时发现，推动河长制从全面建立到全面见效、从“有名有责”到“有能有效”，为推进河湖治理体系和治理能力现代化提供支撑和驱动。通过制作高分卫星遥感影像产品、研发河湖水域空间典型地物AI识别模型和变化检测模型、开发河湖遥感平台、建立河湖本底数据遥感调查和数据库、结合大数据分析技术实现河湖问题预测预警等举措，充分应用卫星遥感、人工智能、大数据、移动App等信息化手段，实现了河湖管理由被动响应向主动发现问题、由外业巡查向内业分析的两个转变，解决了持续跟踪监测困难的问题，显著提高了河湖管理保护和督查暗访工作的精准性和工作效能。

3. 数据要素创新冷链食品安全监管模式

进口冷链食品环节多、链条长、各地监管水平参差不齐，冷链“物防”工作不仅是食品安全的问题，更存在病毒传播的巨大风险，如何让老百姓对进口冷链食品“买得放心，吃得安心”，对监管能力提出了重大考验。市场监管总局创新运用大数据、“异构识别”等技术，全力建成进口冷链“1+32+N”平台，以“简捷、有效、安全”为工作原则，以“打通信息孤岛，降低建设成本，坚持平战结合”为工作思路，推动完善进口冷链食品追溯系统，提升食品安全监管效能。平台建设的总体思路是：一套规则、三级平台、三个重点。一套规则，即市场监管总局发布统一的追溯信息规则，各地据此分别制定“追溯码”，实现追溯信息统一管理；三级平台，即总局的“信息展示平台”、省局和企业的“追溯管理平台”，共同构成全国进口冷链食品追溯系统；三个重点，即聚焦“重点产品、重点信息、重点地区”，完成追溯网络经线和纬线的编织。平台采用“平战结合”的思路，“平时”积累数据，做好统计分析，掌握进口冷链食品总体情况，对各省进行督办；“战时”作为重要枢纽，统筹省市各级平台，利用平台进行上传下达、指挥调度，保证所有相关冷链食品的全面追溯。通过对“平时”和“战时”的数据分析，对各省进行考核评价，为冷链食品监管提供抓手。

4. 经验启示

案例中，吉林省高级人民法院把区块链作为核心技术自主创新的重要突破口，全面开展区块链技术在法院各业务场景中的应用，强化了对智慧法院的支撑；全国河湖管理主要部门充分利用卫星遥感、人工智能等技术手段，为河湖管理督查提供问题线索和工具支撑，为推进河湖治理体系和治理能力现代化提供支撑和驱动；市场监管总局创新运用大数据、“异构识别”等技术，为快速建成全国冷链食品追溯管理平台提供技术支撑。

当前，大数据、物联网、区块链、5G、人工智能等新型技术已在社会经济发展、金融市场、司法建设、环境保护等重大活动和项目中发挥着重要作用，也为新时代提高领导干部数字治理能力提供了模式选择和经验借鉴。

一是领导干部要守正创新，敢于接纳和运用新技术。一方面，要深入推进5G、人工智能、物联网、云计算、边缘计算等新信息技术与业务实际需要的融合，为社会治理建设构建安全、高效、智能的信息通信基础设施，通过上下联动，整合资源，推进大数据应用，优化服务流程；另一方面，要主动学习和了解新型技术及其应用场景，围绕数字治理相关的数字经济、数字社会、数字政府等领域，运用大数据、物联网、区块链、5G、人工智能等新型技术，强化经验积累，实现创新应用。

二是要善于将各类前沿技术模型与社会治理相融合，推动数字治理一图多景。各级领导干部要善于运用互联网思维，要善于将“人治”变为“技治”，如综合地理信息系统（GIS）、城市信息模型（CIM）、遥感等多种信息模型，实时动态叠加多部门业务数据、海量物联网传感器数据、超大规模视频联网数据等，构建“全景图”，形成一站式、全要素实时决策平台；通过大数据、人工智能等核心技术，对突发事件进行智能识别、智能研判、智能匹配、智能分派；通过数据融合、业务融合，构建集指挥统一、多部门联合调度、快速应对于一体的平台，实现跨网、跨系统、跨业务、跨层级的综合协调能力。

五、拓宽国际化视野，吸收借鉴他国建设经验

1.“大数据社会福祉”行动

（1）情况介绍[①]

“大数据社会福祉”（big data for social good）行动是近年来一些国外政府部门和学术界共同发起的，其主要目的是将大数据技术与社会治理相结合，试图从数据和技术的视角为现代社会中存在的复杂问题提出解决方案，增进社会福祉。该行动与我国促进大数据发展战略相似，都旨在将大数据理念、技术、方法应用到政府管理和社会治理中，提倡“用数据说话、用数据决策、用数据管理、用数据创新”，推动政府治理手段和治理能力与时俱进、不断进步。在政府方面，美国、英国、意大利等国家通过实践探索，成功运用大数据为政府管理和社会治理提供了支持；在学术方面，国际计算机学会（ACM）、IEEE等机构通过设置专题研讨会探讨大数据与政府管理和社会治理相融合；在社会方面，相关企业、社会组织等积极探索大数据在社会各层面的应用模式。通过对国外相关政府部门、学术机构和企业的经验总结，可以为我国各级领导干部更好认识、理解、应用大数据进行社会治理提供经验参考。

通过文献调查，发现当前大数据政府管理和社会治理主要聚焦在以下7个方面：一是社会安全，包括社会治安、消防安全、交通安全、食品卫生和各类灾害等，主要思路是借助大数据及相应技术实现对各类社会安全事件的预警和早期发现、及时处置，以降低事故或灾害的不利影响；

① 吴湛微、禹卫华：《大数据如何改善社会治理：国外“大数据社会福祉”运动的案例分析和借鉴》，《中国行政管理》2016年第1期。

二是开放数据接口，主要思路是通过开放数据接口方便获取数据，以鼓励企业、社会组织和个人积极开发相关数据产品、提供数据服务；三是城市建设，主要包括公共基础设施的选址规划、设计布局、建设管理和运营维护，主要思路是借助大数据及相应技术提高城市规划和建设的群众知晓度、参与度和满意度；四是社会福利和保障，主要思路是借助大数据及相应技术精准发现弱势群体，整合社会资源为其提供帮助；五是儿童成长与教育，主要思路是借助大数据及相应技术促进教育资源分配更公平、更有效率，同时精准定位困难儿童并帮助其完成学业；六是就业和创业，主要思路是借助大数据及相应技术精准发现就业市场供需失衡问题并积极介入和引导；七是环保与可持续发展，主要思路是利用传感器等数据精准识别高污染和高耗能区域，及时发现并进行干预。国际大数据政府管理和社会治理主要包括以下4点措施。

一是通过开放数据，提高基础服务能力。这一做法即各领域数据集借助开放的线上平台可以被任何人自由获取。开放数据主要通过两种形式发挥作用：被个人或企业直接利用；相关政府机构、科研院所和社会组织获取数据后通过进一步整合、加工和利用，间接为政府管理和社会治理提供帮助。

二是借助大数据及相关技术，增强决策科学性。这一做法即通过加工、处理和分析，将原始数据转化为能够解释、分析、预测的精确数据，增强对未来的洞察力和决策的科学性。这一做法下主要有两种基本方法：关联和分析预测。关联是指大量收集与某一社会现象相关的数据，通过筛选出相关度最高的一组数据或将相关指标计算成一个综合指标，以解释现象、支持决策。比如：芝加哥卫生健康机构通过对餐厅的基础信息、营业数据、用户投诉以及周边环境等相关数据的利用分析，精准排查餐饮行业食品安全状况，有效降低食品安全问题；洛杉矶以住户的水、电、燃气用量和垃圾排放量等数据为基础，精准排查居住区域的非法改装和群租行为，为社会治安和建筑风险治理提供参考。分析预测是指通过对历史数据的统计分析来“预”见未来，推测未来可能发生的事情，并以此为依据做好相应预案。比如：为促进就业、实现劳动技能供需平衡，美国一些劳动部门以企业、求职者、教育和行业发展数据为基础，分析就业者劳动技能的供需现状及发展趋势，引导企业、求职者和教育机构提前规划和实施劳动技能培训；纽约根据已有数据和算法将区域内33万余栋建筑物划分成2000余类，据此分析预测火灾发生风险并有针对地制定救火预案，极大地提高了救火效率、减少了火灾危害。

三是依托大数据沟通，改善政府治理外部环境。大数据沟通以公开大数据为基础，借助数据的客观性，鼓励引导企业和个人从全局和长远视角出发开展理性思考和讨论，有助于得到社会更广泛的关注与支持，使政府管理和社会治理的外部环境更加有益。比如，佛蒙特州政府利用相关应用向市民定向推送食品捐献政策和捐助点具体位置，鼓励居民将保质期内可能消费不完的食品或临期食品捐献到附近捐助点，有效减少了食品浪费、惠及辖区内的困难群体，促进慈善事业发展。借助大数据技术也可以收集社交媒体（如Twitter、Facebook等）上的网民观点、意见等，并通过统计分析进行有针对的说服，争取群众支持。在美国多次大选中已成功应用该方法，通过对社交媒体中相关报道、观点的点赞数进行分析，推测评论网民的性别、年龄、种族和政治观点等内容，以此为依据精心设计说服信息并进行精准投放，争取网民支持。[①]

四是应用大数据群体智慧，弥补政府资源不足。政府管理及社会治理的政策设计和执行都依赖大量的人力、物力、财力，部分工作可能极

---

① Kosinski M., Stillwell D., Graepel T., “Private Traits And Attributes Are Predictable From Digital Records of Human Behavior,” *Proceedings of the National Academy of Sciences*（2013）.

其烦琐、流程复杂、成本巨大，仅仅靠政府往往效率低下、质量不佳。通过动员广大群体力量参与大数据建设，借助群体的智慧和力量来弥补政府资源不足、提高工作效率和质量。如，美国波士顿消防部门，冬季经常会由于无法快速寻找到被雪掩埋的消防栓而耽误任务执行，增加灾害损失。单靠部门力量无法维护数量众多的消防栓，消防部门通过开发“认领消防栓”的线上应用，广泛动员辖区群众认领住所附近的消防栓，负责消防栓的日常维护并及时上报相关信息，受到辖区居民积极响应，极大减少了消防隐患。同时，多国政府依托数据开放平台开展大数据科学竞赛，鼓励科研机构、高校、企业和个人利用开放数据集开发、设计相关的数据产品和应用解决经济社会相关问题，都取得了较好的社会效果。

（2）经验启示

一是领导干部不仅要重视让数据变大，也要考虑让大数据变小。自然和社会现象复杂多变且事物间存在普遍、客观的联系，只有收集、汇聚足够多的相关数据才能对各种自然和社会现象进行描述和解释，但同时导致了我们所掌握的数据越来越多，海量的数据存储、处理困难，难以被直接利用，无法辅助决策。所以，在重视收集汇聚大数据时，领导干部也必须考虑让大数据变小的方法，以方便分析利用、辅助决策。可以通过对数据进行过滤、排序、压缩、计算等来加工处理数据，同时也可以采用可视化呈现的方式来使相关数据更符合人类认知。当前，我国已建设的大数据平台仍存在能“大”不能“小”的问题，政务大数据也或多或少存在“量大质低”的问题。这迫切要求领导干部在进行数据治理过程中，进一步优化大数据利用方式，在数据变大的同时，不断实现数据变小，切实提高数据使用效能。

二是领导干部既要重视数据平台建设，也应重视数据应用和服务的开发。数据平台建设固然重要，但只有将已有数据加工处理后应用到群众的日常生活中，大数据才能真正发挥其应有的价值，这就要求基于现有数据开发设计出更多贴近群众生活、解决社会问题、可用性高的数据产品和服务。我国各级政府已经进行了大量成功的尝试，也形成了如前文提到的“粤政易”“浙政钉”“鄂汇办”等数字应用平台，但是随着数字技术的飞速发展及更新，我国在数据应用与社会需求方面仍存在一定程度的脱节。这就要求领导干部要进一步挖掘和发挥我国拥有海量数据和丰富应用场景的优势，推动数字经济更好服务和融入新发展格局，形成国民经济良性循环，用好数据要素，进一步激活数据要素潜力、挖掘数据要素价值、释放数据要素“红利”。

三是领导干部要充分运用群体智慧。政府部门可以通过委托若干技术过硬的高新技术企业完成大数据平台的建设，但要充分发挥大数据价值，将其运用到经济和社会发展的各领域却不容易，仅仅依靠政府或者几家企业是无法完成的。从国外实践来看，英美等发达国家通过广泛发动群众参与，借助群体智慧和力量来帮助收集数据、识别需求、开发应用以更好地服务社会，对大数据政府管理和社会治理发挥积极的支持促进作用。数据治理不是一个政府或者一个人的治理，各级领导干部要善于借用群体智慧，通过小投入牵动大收益。

2. 新加坡“智慧国2025”计划及数据治理经验

新加坡是全球较早实施政府信息化行动的国家之一，新加坡政府一直以来都极其重视信息技术的发展和应用并处于全球领先地位。近年来，新加坡政府积极建设电子政务和数字政府，在联合国的全球电子政务评估中连续多年名列前茅，并且在政务服务深度上位居世界第一，在智慧城市建设上尤为突出。尽管新加坡和我国在许多方面都存在很大差异，但是数据应用和治理的经验却具有一定的适用性，新加坡的建设经验能够为我国各级政府提供启迪和借鉴，[①] 鼓励我国各级领导干部“善用科技，激荡民智，砥砺政府，造福社会”。

（1）情况介绍[②]

新加坡政府分别于2006年和2014年，提出“智能国2015”计划和“智慧国2025”计划。其中，“智慧国2025”计划在“智能国2015”计划的基础上进行了进一步的优化升级，政府发挥主导力量建设“智慧国”平台，建立起覆盖全国的数字操作系统和基础设施，方便进行数据收集、共享、分析、利用，并且通过对数据的深度分析来预测民众的需求，从而能够为民众提供更加综合、全面、及时和优质的公共服务。新加坡政府不仅重视数字信息技术的推广、普及、应用，也重视数据的互联、互通和共享，借助大数据及相关技术不断提高决策的科学化水平，推动建设服务型、无缝隙、整体型政府。

新加坡“智慧国”计划通过举国之力强力推动，使得该计划上升至国家战略层面。将各个领域的实时数据收集汇总后，借助大数据技术，通过模型设定和算法演绎，从多维度对城市管理进行模拟和预测，从而为决策者进行城市管理提供辅助支持。利用感应器收集、汇聚各方面的实时数据，为基于数据的智能决策和对数据的创新性利用提供了基础。例如，可以利用摄像头来获取视频画面（包括人员信息、行为状态以及流动状态等），利用录音机实现对声音的录制、借助温度计测量气温、借助雨量器测量降水量、借助风速仪测量风向和风速等。“智慧国”体系与传统“拍脑门”式的决策有着根本上的不同，更注重基于数据的分析预测，从而实现精细化、科学化治理。为实现“智慧国”建设的宏伟目标，新

① 马亮：《公共治理的向度》，八方文化创作室（世界科技出版公司）2015年版。

② 沈霄、王国华：《基于整体性政府视角的新加坡“智慧国”建设研究》，《情报杂志》2018年第11期。

加坡政府着力打造“智慧国”平台，并且还建立起了覆盖全国的便于数据收集、存储、传输和分析的数据基础设施，使政府各部门能够方便获取数据、利用数据，提升了政府治理的科学化和精细化水平。新加坡政府将大数据技术应用到多个领域，尤其在城市交通、医疗健康、社区管理和服务等多个领域都进行了有益的探索实践，也因此积累了丰富的经验，具有一定的参考价值。

一是城市交通创新方面。为全面建设“智慧国”，新加坡致力于打造“智能交通”来服务经济和社会发展，城市交通系统中随处可见大数据的影子。借助大数据及相关技术，新加坡在城市交通方面不断创新，大数据应用场景广泛，诸如开发实时路线规划应用程序、应用电子道路收费系统、制定公共交通等候服务和“早鸟计划”免费乘车服务等，极大地方便了市民生活，同时有助于交通治理创新。二是医疗健康方面。新加坡的医疗卫生机构也积极响应“智慧国”计划，借助大数据技术不断提高医疗救治能力和健康服务水平，在电子病历、远程护理、疾病监测等方面表现尤为突出。如，在电子病历方面，新加坡积极推进医疗信息化建设，建立医疗数据共享平台，在获得患者授权后，医生借助相关医疗系统即可跨区域、跨部门调阅患者的医疗数据，提高了诊断效率和医疗服务质量，方便医疗机构进行临床教学与科学研究。在护理方面，新加坡借助相关平台，通过远程诊疗实现在线开具电子处方，并通过药品快递服务直接将药品配送到家，极大地便利了老年人和行动不便人群。在疾病监测方面，政府机构通过调用医疗部门就诊数据，借助定位服务技术实现对全国各区域发病情况的监测，构建相关模型对疾病发生率进行预测，提前加强对疾病的预防和药品配备。三是社区管理和服务方面。新加坡政府坚持“以国人为中心”的服务理念，通过设立由多个部门参与的社区事务署，加强与农粮兽医局、陆路交通管理局、国家环境局、警察部队等多个机构在处理社区事务时的协调与合作，架起市民与公共服务机构间的沟通桥梁，健全完善社区居民诉求的反馈机制，提高公共服务的质量和效率。通过开发OneService这一手机应用程序，为公众提供在线“求助—反馈—评价”的服务闭环，为更好地收集民意、解决诉求和统筹资源提供了有益探索和实践。四是反腐败方面。新加坡是国际公认的清廉国家之一，近年来借助大数据技术实现了“科技反腐”，能够快速有效发现贪腐线索并及时处理，有效维护了政府廉洁形象。新加坡贪污调查局通过加强反腐数据收集和分析利用，借助大数据协助侦破贪污案件，有效提高了贪污贿赂案件的侦查能力。为加强对政府采购流程的监管，新加坡政府大力推进电子交易和网上采购系统的建设和使用，所有公共部门在采购产品和购买服务时必须通过规定的电子商务平台进行招标，借助电子信息平台使监管机构可以全流程监督产品采购和服务购买，及时发现可疑的采购事项并提供必要的支持，减少腐败现象的发生。同时，购买同类产品和服务的历史数据也为大数据的积累和后续分析利用提供了基础。

（2）经验启示

一是做好大数据开发利用的顶层设计与战略规划。做好战略规划是在大数据开发和应用实践中至关重要的一环，通过有计划地建设数据基础设施，收集、存储、加工、传输、利用数据，为开发和利用大数据提供规划指引。新加坡政府统筹谋划，主要领导干部及主责部门通过广泛研究论证，在大数据的使用方面分阶段设定目标，并制订针对性的国家战略计划，以使各部门和社会各界达成共识——“劲往一处使”。政府对大数据计划的高度重视和强力推动，有利于引导相关部门予以关注，并能吸引产业界的投资。政府应制定数据存储和共享的统一标准，以避免信息孤岛或数据孤岛的现象发生，从而最大化利用海量数据。当然，还需要重视数据开放与数据安全之间的平衡，确保国家机密、商业秘密和个人隐私得到保护，特别是要做好对个人隐私和国家安全的维护，以避免数据泄露和隐私曝光所招致的危险。

二是政府加强大数据开发利用的激励与学习创新。大数据的利用需要激励，以使人们愿意投身其中。充分挖掘其背后的绩效领导与团队文化。[①] 归根结底，大数据的应用是技术问题，但实质上仍然要回归到管理和治理的层面上去推动、去促进、去催化、去培育。大数据的应用还有赖于政府部门之间、部门领导干部之间的相互学习，以推动持续创新。尽管国家、地区和城市之间存在很大差异，但在数据采集和利用方面，却有许多相似之处。

三是提高大数据开发利用的公众参与和社会共享水平。各级政府部门在确保数据安全基础上要加强数据收集汇聚和开放力度，支持引导高校、科研院所、企业和有条件的个人利用开放数据开发设计数据应用和提供数据服务，在产生商业利润的同时创造社会价值。智慧城市建设需要大量各领域专业人才，比如数据分析、可视化与可视分析等，通过对大数据的统计分析和可视化呈现，便于领导干部直观感受，从而更好地辅助支持决策。此外，政府可以开展各种有关大数据的“黑客挑战赛”，激励人们参与数据开发活动，为大数据开发利用贡献智慧和力量。

---

① Behn R. D., *The Performance Stat Potential: A Leadership Strategy for Producing Results* (Washington, DC: Brookings Institution Press, 2014).